KB067939

남자 찾아 산티아고

글 · 사진 정효정

남자 찾아 산티아고

글 · 사진 정효정

푸른향기
Prunbook Publishing Co.

CONTENTS

프롤로그
“누구에게나 자신만의 바다가 있다”

산티아고에 괜찮은 남자가 많다?

산티아고는 예수의 12제자 중 하나였던 야고보(산티아고, Jacob)의 무덤이 있는 스페인 북서부의 도시다. 이 산티아고에 간다는 것은 '산티아고로 가는 길'을 뜻하는 '카미노 데 산티아고(Camino De Santiago)'를 걷는 것을 말한다. 8세기경 갈리시아의 한 수도사가 야고보의 유해를 발견한 후, 이 길은 가톨릭의 주요 성지순례코스로 자리 잡았다.

그 후 천 년이 넘는 세월동안 사람들은 자신의 죄를 속죄받기 위해 이 길을 걸었다. 현대에 들어 이 길의 의미는 달라졌다. 오늘날 산티아고로 향하는 800km는 성지순례의 의미보다 온전히 자신에게 집중할 수 있는 시간을 뜻한다. 현대인들은 건강, 자아성찰, 트레킹 등 다양한 이유로 이 길을 걸으며 자기만의 시간을 가지길 원한다.

이런 의미 깊은 길을 나는 오직 '남자'만을 찾아 걷기로 한 것이다.

여행의 시작은 시인인 지인과의 만남에서였다. 나는 오랜만에 만난 작가님께 전 남자 친구와 어떻게 헤어졌는지 설명 중이었다. 밋밋한 이별이었다. 그저 웃으며 내 이야기를 듣던 그분은 문득 손뼉을 딱 치며 말씀하셨다.

"아, 아깝다. 나랑 산티아고 같이 갔으면 내가 좋은 남자 많이 소개해줬을 텐데!"

귀가 번쩍 뜨였다. 그분은 얼마 전 산티아고 순례길을 다녀와 에세이를 쓰고 계셨다.

"거기 괜찮은 사람이 많나요?"

"당연히 많죠. 인생의 답을 찾아 800km를 걷는 여행자들이 모인 곳인데요."

'대체 괜찮은 남자(여자)는 어디에 있는 거야?'

모든 싱글들이 가지는 불멸의 질문이다. 그런데 뜻밖에 그 대답을 여기서 듣게 된 거다.

가만히 머리를 굴려봤다. 전 세계적으로 유명한 산티아고 순례길이다. 최근엔 이곳을 찾는 한국인도 많아졌다. 산티아고까지 가는 데 걸리는 시간은 25일에서 40일 사이. 보통의 사람들은 하루 20~30km를 걷는다고 한다. 그리고 가는 길은 대부분 정해진 하나의 길이다. 그러다보니 비슷한 시기에 출발한 사람들은 자주 마주치게 되고, 그렇게 인연이 맺어지는 경우도 심심찮게 있다고 한다.

무엇보다 "인생의 답을 찾아 800km를 걷는 여행자"라는 말에 내 심장은 빠르게 반응하기 시작했다. 까다롭지 않고 여행을 좋아하며 삶의 태도가 진지한 사람, 내 이상형이다. 기본적으로 장기여행을 할 줄 아는 사람들은 까다롭지 않은 편이다. 무난하게 잘 자고 잘 먹는 타입들이 많다. 30~40여 일을 도보여행을 할 정도면 더욱 그러할 것이다. 그리고 인생의 답을 찾아 이 먼 길을 걷겠다고 결심할 정도면, 삶을 대하는 자세 또한 진지하지 않을까? 그래, 어쩌면 산티아고에 내 이상형이 있을 수도 있다.

"산티아고에 괜찮은 사람이 많아요."라는 그 다정한 목소리는 어느덧 왜곡되어 내 귀에 이렇게 들리기 시작했다.

"산티아고에 물이 좋아요."

어느덧 산전수전 다 겪은 30대. 심지어 후반전에 들어섰다. 이제 택배로 온 이케아 가구 정도는 가뿐하게 혼자 조립하는 경지다. 그리고 나이가 들면서 좋아지는 것은 성격이다. 송곳 같던 20대와 비교하면 얼마나 많이 둥글어졌는지 모른다. 오늘의 내 성격이 내 인생 최고의 성격이고, 내일은 더 좋아질 것이다.

하지만 나이가 들어도 여전히 자신 없는 부분이 있다. 연애다. 이상하게도 분명히 성격에는 여유가 생겼는데, 연애에 대해선 아직도 20대 초반처럼 소심함과 엄격함을 고수하고 있다. 패인을 분석해보면 일단 연애패턴이 소극적이다. 늘 누군가 먼저 다가오면 못 이기는 척 넘어가곤 한다. 하지만 나이가 들면서 이런 패턴에 위기가 오기 시작했다. 점점 다가오는 사람이 드물어지고, 그나마 더욱 엄격해진 '취향의 체'로 거르고 나면 남는 사람이 거의 없어지는 것이다.

가뜩이나 연애전선에서 밀려났다는 위기감이 드는데, 속 모르는 사람들은 엉뚱한 이야기로 내 속을 뒤집는다. 예를 들면 우리 이모의 이런 말이다.

"얘, 넌 그 나이 먹도록 어장관리도 안 해두고 뭐했니?"

당황했다. 나이가 들면서 실비보험이 중요하다는 생각은 해봤지만, 어장관리가 중요하다는 생각은 못 해봤기 때문이다. 그리고 좀 억울한 게, 어장관리는 내가 하고 싶다고 할 수 있는 게 아니다. 남자든 여자든 어장을 관리할 정도라면 그 정도 능력이 있는 사람이어야 가능하다.

좋은 어장의 조건은 무엇일까? 욕지도의 가두리양식장을 떠올려보자. 일단 물고기가 모여들만큼 수질이 좋아야 한다. 그리고 수온이 너무 높거나 낮아도 안 되고 물살이 너무 빠르거나 느려도 안 될 것이다. 그리고 모여든 물고기가 떠나지 않도록 때맞춰 먹이도 던져주고, 어장을 둘러싼 그물에 빈틈은 없는지 관리도 해줘야 한다.

나 자신을 물에 비유하자면 그다지 양질의 플랑크톤을 보유하고 있지도 않고, 설사 물고기가 모여든다고 해도 때맞춰 떡밥까지 제공하며 관리할 부지런한 열정도 없다. '어장관리가 좋다, 나쁘다.' 이전에, 애초에 할 능력이 없는 거다.

하지만 '어장관리'라는 말을 들으며 깨달은 점이 있었다. 만약 세상 모든 남녀에게 '자신만의 바다'가 있다면 어떨까? 그리고 연애상대는 그 바다에 찾아오는 물고기들인 것이다. 연애가 성립되기 위해서는 물의 온도와 속도 등 바다가 가진 조건과 물고기의 습성이 맞아야 한다. 그렇다면 의문이 든다. '나의 바다는 어떤 바다일까?'

일단 송혜교의 바다와 나의 바다는 당연히 그 넓이나 깊이의 차원이 다를 것이다. 송혜교의 바다가 너른 대양이라면, 나의 바다는 나를 중심으로 200해리 범위 안의 배타적 경제수역 정도 되지 않을까. 그래도 한때 이 바다에 지나다니는 어종(魚種)이 꽤 풍부했던 시절도 있었다. 그걸 가두어 모으면 어장이겠지만, 오는 물고기는 오는 물고기고, 가는 물고기는 가는 물고기일 뿐이었다. 연애전선에도 적당히 난류, 한류가 흘렀던 시절이다.

하지만 어느덧 바다에 찾아오는 물고기가 드물어지기 시작했다. 온도의 문제일 수도 있고 유속의 문제일 수도 있다. 이따금 등장하는 물고기도 내가 관심 있는 어종이 아니다. 심지어 여기에는 있을 수 없는 심해어가 나타나서 나를 놀라게 하기도 한다. 어쩌다 도착한 물고기들도 수온만 체크하고 서둘러 떠나곤 했다.

반대로 내가 물고기인 경우도 마찬가지였다. 점점 적극적으로 상대의 바다까지 헤엄쳐가서 탐험하고 싶은 마음이 사라져갔다. 수면에는 종종 기름띠처럼 '부담스러워서', '지쳐서', '시간이 아까워서', '두려워서' 등등의 변명이 떠올랐다. 나를 둘러싼 바다는 이렇게 고요해지고 있었다.

산티아고로 떠나기로 했다

나의 바다는 고요했지만 세상은 여전히 시끄러웠다. 짝을 찾지 못한 사람들은 자신을 탓하기보다 이성을 탓하게 된다. 남자는 여자에게, 여자는 남자에게 서로 '주제도 모르고 눈이 높다.'며 비난하는 식이다.

물론 이렇게 다투는 것도 다 서로에게 기대가 있을 때 이야기다. 어느덧 말을 섞는 것조차 시간낭비가 되는 순간이 온다. 사자가 토끼를 보듯 욕망에 가득 찬 시선이 아니라 기린이 얼룩말을 바라보듯 오리가 기러기를 보듯 상대방에 대해 무념한 시선을 지니게 되는 것이다. 반자발적 수도승의 상태에 들어선 상태라 볼 수 있다.

그렇게 세렝게티 초원에서 풀 뜯는 기린과 같이 무념하게 살던 어느 날, 위기감이 들었다. 대체 수도승과 나의 차이는 무엇일까? 수도승은 죽으면 사리라도 나오겠지만, 내가 이렇게 무미건조한 삶을 살면 무엇이 남는단 말인가. 변화가 절실하다고 생각했을 때, 전혀 의외의 곳에서 계시가 내려왔다.

"산티아고에 물이 좋아요."

그렇게 나는 산티아고에 가기로 결심했다. 누군가를 만나면 만나는 대로,

만나지 못하면 만나지 못하는 대로. 사랑을 찾아 떠나는 여정은 평온한 내 심장에 활기를 불어 넣어줄 것이다. 하지만 내가 미처 생각하지 못했던 문제가 있었다.

이 여정은 800km를 걷는 여행이다.

그리고 나는 평소에 1km가 넘으면 무조건 택시를 탄다.

'산티↗ 아고에↘ 당도한→ 것을↗ 환영하오→ 낯선이여
나는 그대에게 아무런 욕망이 없다오.'

함께 길을 걷다 보면 짝을 만나는 경우도 있다고 한다.

01

“개와 남자의 공통점”

"언니, 혼자 여행가면 진짜 남자 만날 수 있어요?"

후배들이 반짝이는 눈빛으로 묻는다. 아아, 보나마나 이 친구들의 머릿속에는 영화「비포 선라이즈」가 상영되고 있을 거다. 단언컨대 그 영화는 판타지영화다. 실제로 혼자 여행해 본 사람들은 알 거다.

안.생.긴.다. 이유는 간단하다. 현실에 에단 호크 같은 남자가 없다. 그리고 이쪽도 줄리 델피가 아니다. 정확히는 썸이 생길 기회가 없는 게 아니고 내 타입이 나타날 확률이 드물다. 예를 들면 나는 베네딕트 컴버배치처럼 흰 셔츠가 잘 어울리는 남성이 좋은데, 현실은 늘어난 티셔츠에 북실북실 가슴털이 삐져나온 잭 블랙 같은 남자가 말을 거는 식이다.

물론 여행 중에 인연을 만나는 사람들이 있다. 내 주변에도 몇 명 있다. 그들이 에단 호크나 줄리 델피라는 건 아니다. 하지만 운 하나는 기가 막히다고 생각한다. 오며가며 만나는 그 수많은 인연 중에서 내 타입인 사람을 만나다니, 정말 드문 확률이다.

그럼에도 남자를 찾아 산티아고로 떠나기로 했다. 사실 인연을 만나는지 못 만나는지가 중요하진 않았다. 찾지 못한다고 해도 잃을 게 없기 때문이다. 애초에 (남자가) 없는데 잃을 건 또 뭐가 있겠는가.

바꾸고 싶은 것은 연애를 대하는 내 태도였다. 언제까지 누군가 다가오기만을 내숭떨며 기다릴 것인가. 바다에 물고기가 없으면 원양어선을 타고 먼 바다로 나가야 하지 않겠는가. 비록 헛수고로 돌아올지 몰라도 분명한 건 하나다. 지금까지와 마찬가지 자세로 살다 보면 앞으로도 같은 결과밖에 없다. 아인슈타인도 말하지 않았나.

"매일 똑같은 행동을 반복하면서 다른 결과를 꿈꾸는 것은 미친 짓이다."

중간에 포기하느니 차라리 하지 말자?

그렇게 떠난 산티아고 순례 첫 번째 날, 인적 없는 산길에서 한 남자와 개를 만났다. 시간은 오전 11시 반, 이미 다른 순례자들은 일찌감치 이 길을 지나간 터였다. 지금 이 산 속엔 나와 그, 그리고 그의 거대한 검은 개뿐이다. 날은 점점 뜨거워지고, 발도 저릿저릿 아파오기 시작한다. 그것보다 대체 나는 왜 지금 여기에 있는 걸까. 사실 난 오늘 출발할 계획이 없었다.

전날, 파리에서 기차를 타고 프랑스길의 출발지인 생장피드포르(St.Jean Pied de Port)에 도착했다. 언덕 위에 위치한 이 고색창연한 성채도시에서부터 순례길의 가장 대중적인 루트인 프랑스길(Camino Frances)이 시작된다. 산티아고로 가는 길은 프랑스길 외에도 은의 길, 북쪽 해안길 등 다양한 길이 존재하고, 시작하는 지점에 따라, 혹은 선호하는 루트에 따라 선택할 수 있다.

프랑스길은 가장 대중적인 길이다 보니 편의시설이나 정보가 많지만 그만큼 사람도 많다. 때문에 순례길을 여러 번 다녀본 사람들은 프랑스길에는 사람이 너무 많다며 기피하는 경향도 있다. 하지만 나는 바로 그 이유때문에 프랑스길을 선택했다. 목적이 목적이니 만큼 사람이 없으면 오히려 곤란하기 때문이다.

생장에 도착해 모두가 가는 방향으로 따라가니 순례자사무실이 나왔다. 이곳에서 크레덴시알(Credencial)로 불리는 순례자여권을 발급받았다. 그

리고 마을 중앙에 위치한 고딕양식의 붉은 성당을 지나 알베르게(순례자숙소)까지는 무사히 도착했다. 한 방에 2층 침대가 열 개. 스무 명이 한 방에서 자는 구조다. 이제 내일 일어나서 길을 걷기만 하면 된다.

하지만 막상 침대에 침낭을 펼쳐 놓는 순간 현실에 눈을 떴다. 이제 매일 잠자리를 바꾸며 아침저녁으로 이 침낭을 펼치고 말아 넣을 것이다. 뿐만 아니라 매일 공동욕실을 사용하고, 속옷을 손세탁해 어딘가에 눈에 잘 띄지 않는 곳에 널고, 그리고 20~30km씩 길을 걸을 것이다.

기세등등하게 여기까지 왔지만 스스로의 체력엔 회의적이다. 가장 두려운 것은 며칠 걷다가 포기하는 상황이다. 내가 중간에 포기하면 "그것 봐." 라며 박수를 칠 몇몇 사람들 얼굴이 떠올랐다. 이미 나 모르게 자기들끼리 내기를 하고 있을지도 모른다. 그러자 내 자존심은 어느새 고개를 들고 외치고 있었다.

"중간에 포기하느니 차라리 첨부터 하지 말자!"

이놈의 자존심, 어느새 '못하는 것보다 안 하는 게 낫다.'며 날 설득하고 있다. 이 못난 녀석…. 하지만 일단 출발을 미루기로 했다. 자존심의 꼬임에 넘어간 건 아니다. 내 저질체력에 대한 현실적 고민이었다.

산티아고 순례길의 첫 번째 코스이자, 가장 큰 고비는 출발지인 생장에서 론세스바예스(Roncesvalles)까지 가는 27km의 코스다. 해발 1,400m의 피레네 산을 넘는 만큼 전체 일정을 통틀어 가장 가파른 경사도를 지니고 있다. 산티아고 순례길을 다룬 영화 「더 웨이 The Way」에도 주인공의 아들이 이 피레네 산을 넘다가 기상악화로 죽는 걸로 나온다.

아무리 생각해도 걷기여행 초보인 내가 배낭을 메고 산길을 27km나 걷는 건 무리다. 론세스바예스 가기 전의 유일한 숙소는 생장에서 7km 떨어진 오리손 산장이다. 하지만 듣기론 그곳은 숙소가 작은 편이라 출발 전날 미리 예약을 해두어야 한다고 한다. 그래서 내일 아침에 순례자 오피스에서 예약을 하고, 출발은 그 다음날에 하기로 마음먹었다.

다음날 오전 5시. 누군가의 알람이 울렸다. 밤새 남들 코고는 소리를 들으며 겨우 잠이 들었던 참이었다. 하지만 나를 제외한 사람들은 기상나팔이라도 울린 듯 일사불란하게 일어나 떠날 준비를 하기 시작했다. 침낭을 머리끝까지 뒤집어쓰고 버텨보고자 했지만 전투적으로 짐을 꾸려 나서는 산티아고의 전사들 사이에서 평정심을 유지하며 누워있기란 쉽지 않았다. 결국 일어나 바깥으로 나갔다.

아직 해가 뜨긴 이른 시간. 마을 중앙을 흐르는 니베 강엔 물안개가 자욱하다. 꿈속을 헤매는 기분이다. 하지만 사람들은 헤드랜턴을 켜고 씩씩하게 성문을 지나 어둠 속으로 사라졌다. 저들은 오늘부터 걷기를 계속해 언젠가는 산티아고 데 콤포스텔라에 닿을 것이다.

떠나는 사람들의 뒷모습을 지켜보던 나는 좀 쓸쓸한 기분으로 안개 낀 성벽과 옛 건물을 홀로 헤맸다. 10시가 되자 순례자사무실이 열렸다. 백발의 직원은 흔쾌히 오리손 산장에 전화를 걸어 예약을 도와줬다.

"오늘 오후 2시까지 오리손 산장에 도착해야 해. 안 그러면 네 침대가 다른 사람한테 넘어가니까 지금 바로 출발해야 할 거야."

"음…? 난 내일 묵을 숙소예약을 부탁했는데?"

내일 묵을 숙소를 예약하겠다고 했는데, 그녀가 잘못 알아듣고 오늘 묵을 숙소를 예약해버렸다. 난 오늘 출발할 마음이 없으니 내일로 바꿔달라고 우겼으나, 직원은 다시 전화하기가 귀찮았는지 오리손까지는 7km니까 그냥 지금 가라고 날 설득했다.

오리손 산장은 수용인원이 적으니 반드시 예약을 하고 가야 한다.

시간은 오전 10시 30분. 그렇게 아무런 마음의 준비 없이 얼떨결에 길을 나서게 되었다. 그것도 입고 자던 면 원피스를 입은 채로…. 그리고 한 시간 후, 인적 없는 산길에서 개를 끌고 가는 남자와 만난 것이다.

개와 남자의 공통점

개 주인은 스페인 출신의 타고르, 검은 개의 이름은 토르다. 이 개는 등에 작은 개 전용 배낭을 지고 있었다. 타고르 말로는 자기 식량은 스스로 지고 가게 한단다.

타고르는 통성명을 하자마자 대뜸 내 사연부터 물었다. 이 길을 걷는 사람이면 다 사연이 있지 않겠냐며. 별 사연이 없는 게 사연이긴 하지만 굳이

피레네 산 1,410m 고지, 콜 데 레푀데르(Col de Lepoeder)

설명하지 않고, 그의 사연은 뭔지 물어봤다. 그러자 준비했다는 듯이 4개월 전 헤어진 여자 친구의 이야기가 흘러나왔다. 정말 완벽한 커플이었단다. 두 명 다 동물, 특히 파충류를 좋아해서 함께 살며 20마리의 파충류를 길렀다고 한다. 파이톤도 두 마리나 있었단다.

하지만 연애라는 것이 반려동물 취향만으로 이루어지는 것은 아닌 만큼, 그들은 크고 작은 싸움을 반복하다가 헤어지게 됐다. 문제는 함께 키우던 반려 파충류들이다. 안타까운 마음으로 파충류들을 분양하거나 팔고, 마지막 남은 파이톤까지 넘기고 나자 그에게 남은 건 개, 토르뿐이었다. 그러자 이 개를 데리고 여행을 해야겠다는 생각이 들었단다.

그의 연애담과 파충류에 대한 설명은 흥미로웠지만, 나는 점점 속도가 뒤처지기 시작했다. 평소에 산을 안 다녀본데다 등산장비도 몸에 익지 않았기 때문이다. 내가 지니고 있는 대부분의 등산용품은 엄마 걸 빌려온 거였다. 엄마 등산화, 엄마 등산스틱, 엄마 무릎보호대…. '아마 엄마는 내가 돌아올 때까지 등산을 못가시겠지.' 프랑스의 한 시골길에서 잠시 엄마 생각에 잠겼다.

고전하고 있는 나를 보던 타고르는 토르의 목줄을 내 배낭 허리끈에 묶어줬다. 그러자 졸지에 큰 개가 날 끌고 가주는 모습이 되어버렸다. 이게 무슨 개썰매도 아니고, 내 무거운 몸뚱이를 의지하려니 개한테 너무 미안하다. 결국 토르를 풀어줬다. 싱글벙글 웃으며 지켜보던 타고르가 갑자기 질문을 던졌다.

"개와 남자의 공통점이 뭔지 알아?"

대체 왜 이런 걸 물어보는 걸까. 언젠가 유머사이트에서 본 옛날 개그가 생각났다. '개가 취한다고 남자가 되진 않는다.' 하지만 개그의 욕구를 지

긋이 억눌렀다. 이런 질 낮은 개그를 치려고 이곳까지 온 건 아니다. 대답을 못하고 있자 타고르가 말했다.

"둘 다 충성심이 있다는 거지! 개는 한 번 주인을 섬기면 배신을 안 하거든. 남자도 마찬가지야. 정말 사랑하는 여자를 만나면 무슨 일이 있어도 떠나지 않지."

대꾸할 말을 찾지 못해서 애매하게 웃고만 말았다. 코너를 돌자 오리손 산장이 보였다. 이미 도착한 순례자들이 오후의 햇빛과 풍경을 즐기며 맥주를 마시고 있었다. 천국 같다.

이곳에서 충직한 타고르와 마찬가지로 충직한 개 토르와 헤어졌다. 언젠가 헤어지지 않을 진정한 사랑을 만나길 바랄 뿐. 샤워를 하고 저릿저릿한 발을 식히고 있는데, 어제 파리에서 만난 친구가 메시지를 보냈다.

"어때? 괜찮은 남자 좀 있어?"

그에게 개가 날 끌고 가는 방금 전의 사진을 보내주었다. 그러자 그 친구는 이렇게 답 문자를 보냈다.

"개나 남자나(Man or dog, same)."

난 한 번도 이 둘을 연관 지어 생각해본 적이 없는데, 이 남자들은 자꾸 왜 이러는지 모르겠다. 어쨌든 이렇게 뜻밖의 출발을 한 산티아고 순례길 첫째 날. 남자가 아니라 나를 끌어주는 개를 만났고, 3시간 30분 동안 7km 걸었다. 아, 앞날이 막막하다.

나를 끌고 가는 개 토르

02

“800km만큼의 자유”

“너 밤에 잘 못자는 편이지?”

싱가포르에서 온 제임스가 날 살펴보며 물었다. 오리손 산장에서 잠시 일몰을 바라보고 있을 때였다. 사실 쉽게 잠들지 못하는 편이다. 몸이 피곤하고 내일을 위해 잠을 자야 하는데도 정신은 자꾸만 또랑또랑해지곤 했다. 깊게 잠들지 못하고 깨는 일도 많았다. 어떻게 알았는지 놀라워하자 그는 대수롭지 않게 답했다.

“내 나이쯤 되면 그런 게 보여. 넌 걱정이 많은 타입이어서 그래.”

그는 64세였다. 하지만 나이보다 훨씬 젊어보였다. 그의 친구 티에스도 30대의 외모를 지녔지만 54세여서 우리를 놀라게 했다. 그는 내 어깨를 툭툭 치더니 말했다.

“네가 여길 온 건 좋은 선택이야. 이 길을 걷는 동안은 걱정할 게 아무것도 없거든.”

그때는 그의 말이 무엇을 뜻하는지 몰랐다. 여행을 마치고 생각하니 실제로 그랬다. 산티아고 순례길은 다른 여행과 달랐다. 과거 중앙아시아를 여행할 때는 매번 나라를 옮길 때마다 노이로제에 걸릴 지경이었다. 낯선 이름의 국경을 어떻게 넘어야 하는지, 숙소는 어떻게 찾아야 하는지, 현지 화폐는 무엇이고, 환율은 얼마이고, 현지 교통수단은 무엇인지 미리 대비해야 했다.

하지만 산티아고에선 아침에 해가 뜨면 걷고, 걷다 지치면 알베르게를 찾아 머물면 된다. 서점에는 관련 가이드북과 에세이집이 넘치고, 생장의 순례자사무소는 순례길의 고도와 거리, 숙소를 표시한 종이를 줬다. 심지어

순례 이틀째, 오리손 산장에서 맞이한 일출

여행정보가 담긴 스마트폰 어플리케이션도 있다. 길에는 친절하게 노란 화살표와 조개껍질 표시가 붙어 있다. 그리고 무엇보다 함께 길을 걷는 사람들이 많다. 그냥 그 사람들만 따라 걸어도 어느새 목적지에 도착할 수 있는 것이다.

모든 여정을 마친 후 되돌아보니 순례길을 걷는 동안 불면으로 고민한 날이 거의 없었다. 사실, 하루에 20~30km를 걷는데 어찌 잠이 안 오겠는가. 그리고 또 하나의 이유가 있다면 이 길 위에서는 내일을 걱정할 필요가 없었기 때문이었다.

산티아고로 향하는 800km. 이 거리는 그만큼의 자유를 뜻한다. 걱정은 넣어두고 이 길을 걷는 각자의 목적만 떠올리면 된다. 자기 자신을 찾거나, 인생의 진리를 찾거나 혹은 '남자를 찾거나.'

피레네 산은 악천후로 유명하다. 하지만 내가 출발한 날은 다행히 맑은 가을 하늘을 즐기며 넘을 수 있었다. 푸른 초원과 양떼가 어우러진 산을 넘는 기분 좋은 여정이었다. 중간에 스마트폰으로 외교부 문자서비스가 왔다. 위급한 상황이 오면 영사 콜센터로 전화하라는 내용이다. 어느새 스페인 국경을 넘었나보다.

가장 높은 지점인 해발 1,410m의 콜 데 뢰피데르(Col de Lepoeder)에 도착하기 전 즈음에, 1m 단위로 숫자가 새겨진 나무기둥이 보였다. 구조를 요청할 수 있는 번호라고 했다. 올해가 산티아고를 방문한 지 세 번째라는 한 미국인 여행자는 매년 자기 나이와 같은 기둥 아래서 사진을 찍는다고 했다. 61부터 시작해 올해는 63에서 찍을 거란다. 괜찮은 아이디어라는 생각이 들었다.

나도 눈으로 기둥을 세면서 걷다가 숫자 37이 새겨진 기둥 아래에 섰다. 언젠가 다시 온다면 저 숫자는 40이 될까. 50이 될까. 확실한 것은 두 번 다시 숫자 37 아래엔 서진 못할 것이라는 것이다. 우리가 살고 있는 세상은 숫자가 앞으로 전진하는 것 외에는 경우의 수가 없다.

이제 본격적인 내리막이다. 그늘에서 쉬다가 한 스페인 여행자를 만났다. 숫자 37 아래에서 찍은 사진을 보여주며 두 번 다시 오지 않을 시간에 대해 떠듬떠듬 감상을 이야기하는데 그녀가 말허리를 끊었다.

“네가 37살이라고? 그렇게 안 봤어.”

뜻밖의 칭찬에 기분 좋기도 하고 부끄럽기도 하고 해서, 하지 않아도 될 말을 해버렸다.

"아, 한국 나이로 37살이고, 여기 나이로 35살이야."

말하면서도 '아차' 했다. 한국의 연나이를 이야기하면 다들 신기해한다. 한국에만 있기 때문이다. 문제는 설명하기가 복잡하다. 그전에는 뱃속에 있는 기간부터 세기 시작해서 태어나자마자 1살로 여긴다고 설명했지만, 한번은 "그럼 왜 9개월이 아니고 1년이냐?"는 질문을 들었다. 순간 나도 멈칫했다. 고민 끝에 이제는 서기로 설명한다. 예를 들면 "올해가 서기 2015년이니까 예수님이 태어난 지 2015년째가 되듯이, 올해는 내가 태어난 지 37년째 해"라고. 그러자 그녀가 물었다.

"그럼 넌 35살인데, 너희 나라에서만 37살이라는 거지?"

"그렇지."

"그럼 2년 후에 다시 와도, 넌 다른 나라 기준엔 37살이겠네."

"음…. 그렇지."

"그럼 2년 뒤에 다시 37 아래서 사진 찍어. 이번엔 글로벌 스탠다드로."

그녀는 스스로의 대답이 썩 마음에 드는 듯했다. 글로벌한 마인드를 가지는 것도 방법이긴 하겠으나, 어차피 나잇값이 요구되는 한국으로 돌아가면 큰 차이가 없을 거다. 누구에게도 피해주지 않고 그저 '보편적'이라고 생각되는 삶에서 조금 벗어났을 뿐이어도 나잇값을 못한다는 이유로 필요 이상의 비난이 쏟아지곤 한다. 우리 사회에서 나잇값은 '나이에 어울리는 말과 행동으로 지혜로워지는 것'이 아니라 '나이에 걸맞는 삶'을 뜻하기 때문이다. 하지만 그녀에게 설명할 방법이 없어 나는 그냥 알았노라고 최선을 다해 미소 짓고 말았다.

구조위치를 표시하는 기둥

바스크 지방의 모자를 쓰고 있는 할아버지

당신이 이곳에 온 목적은 무엇인가요?

론세스바예스에 도착했을 땐 오후 5시가 넘었다. 전날 오리손 산장에서 묵기를 다행이었다. 만약 겁도 없이 하루만에 27km를 가고자 했으면 아마 산을 다 못 내려와서 조난신고를 했을지도 모른다.

가이드북에 론세스바예스의 알베르게는 옛 성당을 개조해서 만들었다고 적혀있다. 그래서 영화에 나오는 오래되고 음산한 숙소를 예상했다. 하지만 외관만 오래되었을 뿐, 실내는 200여 명이 한꺼번에 묵을 수 있는 쾌적한 설비를 갖추고 있었다. 각 층마다 큰 홀이 있고, 2층 침대가 붙박이식으로 도열해있다. 하지만 4인씩 공간이 나누어져 있어 크게 불편한 정도는 아니었다. 그리고 샤워 및 식당, 자판기 등 편의시설도 완벽했다. 새로 리모델링한 게스트하우스를 방문한 느낌이다.

이곳은 12세기 순례자를 위한 병원으로 시작했다고 한다. 이 마을의 유일한 숙소이기에 피레네를 넘은 순례자들은 순례의 첫날을 이곳에서 마무리한다. 입구에서부터 자원봉사자들이 체계를 갖추어 파김치가 된 우리들을 맞이했다. 이제 순례 1~2일차인 순례자들은 어리버리했지만 자원봉사자들은 능숙하게 신발장, 리셉션, 침대로 가는 길 등을 가르쳐줬다.

리셉션에서 크레덴시알(순례자여권)에 도장을 찍은 후, 설문지를 하나 받았다. 국적, 성별, 종교 그리고 왜 이 길을 걷는지 등을 묻는 설문지였다. 보기에는 '종교적인 이유', '정신적인 이유', '문화체험', '스포츠활동', 그리고 '기타'가 있었다. 잠시 멈칫했다.

매일 길을 걸으며 만나는 사람들은 서로 이유를 묻는다. 자신이 걸으면서도 옆에 걷는 사람들이 신기한가보다. 사실 차로 다닐 수 있는 길을 매일같이 걸어서 간다는 건 '일상적이지 않은' 이유가 있어야 설명 가능하다. 그리고 실제로 저마다 이유가 있었다. '인생의 의미를 찾고 싶어서', '나 자신을 알고 싶어서' 등 삶에 대한 질문을 가지고 있는 사람들도 있었고, 혹은 '유방암 4기여서', '남편이 세상을 떠나서', '이혼을 해서' 등 사연을 가지고 있는 사람들도 많았다.

그들의 이야기를 듣다 보면 이 길은 마치 오즈의 마법사로 향하는 노란 벽돌길 같았다. 사람들의 눈빛에는 이 힘든 여정을 걷고 나면 자신의 무언가가 변할 거라는 막연한 기대가 실려 있곤 했다. 아픈 마음이 치유되거나 나아가야 할 삶의 방향을 알게 되거나 등등.

때문에 그런 진지한 이야기들 앞에서 감히 '난 남자 찾으러 왔어, 에헤헷.' 하고 발랄하게 대답할 수가 없었다. 입장 바꿔놓고 생각해봐도 나는 진지한데 상대방은 가벼우면 기분이 상할 수도 있는 법이다. 그리고 최악의 경우 모두가 성스럽게 생각하는 이 길에서 마녀로 몰려 화형당할 수도 있을 것 같다는 위기감마저 들었다.

그래서 내 차례가 되면 나는 미묘한 표정으로 "이 길을 걷는 다양한 사람들을 만나보고 싶어서."라고만 대답했다. 넓은 의미로 보면 아주 틀린 말은 아니긴 하다. 결국 나는 애매한 웃음을 지으며 '기타'에 표시했다. 믿음을 찾아 걷는 사람들, 영적 성숙을 찾아 떠난 사람들, '카미노'라는 독특한 문화를 체험을 하고자 온 사람들, 움직이는 것이 좋고 자연이 좋은 사람들…. 그리고 그 사람들 틈에 나는 '기타'가 되어 산티아고까지 함께 할 것이다.

03

“신념을 가지고 기다려 봐”

이 길에서 만날 수 있는 남자들

남자를 찾아 산티아고에 가겠다고 호기롭게 외쳤지만, 사실 산티아고를 향해 출발한 지 삼 일 만에 마음을 비웠다.

일단 이 길을 걷는 순례자들은 전체적으로 연령대가 높다. 아무래도 산티아고 순례는 은퇴자들의 버킷리스트 1위인가 보다. 50~60대가 압도적이다. 생장에 도착한 날부터 계속 내 주변에는 50대 이상 어르신들이었다. 대체 내 나이 또래는 어디 있는 건가 생각해봤는데, 아마 각자의 직장에서 경력을 쌓고 있을 것이다.

물론 내 나이 또래 남성들도 있긴 하다. 하지만 마음속에 흑심을 가득 품고 온 나와 달리 이 타입들은 정말 올곧게, 100% 순수하게, 순례만 목적으로 온 남자들이다. 첫날 피레네 산에서 만난 일본인 준 같은 친구가 그랬다.

피레네 산을 굽어보는 성모 마리아상 근처에서 잠시 휴식을 취하고 있을 때였다. '아, 정말 이 길은 가톨릭의 성지순례구나.'라는 실감을 할 무렵, 어이없게도 내 눈앞에 승복에 삿갓을 쓴 일본인이 나타났다. 일본 불교의 순례자 복장이다.

"혹시, 오헨로상(お偏路さん)인가요?"

일단 말을 걸어봤다. 그러자 오헨로를 어떻게 아냐며 반가움을 표한다. 오헨로는 일본 시코쿠에 있는 성지순례코스다. 1,200km 코스를 따라 88개의 불교사찰을 순례하며 이 길을 걷는 사람들은 오헨로상이라 불린다. 사실 내가 이 순례길에 대해 알게 된 건 한 공포영화 덕분이다. 그 88개의 절을 역방향으로 순례하면 죽은 자를 소생시킬 수 있다는 영화였다. 하지만 그에게 그 이야기는 하지 않고 그냥 친구에게 들어봤다고 얼버무렸다.

나와 비슷한 나이인 그는 프랑스 중부에서 출발하는 순례길인 르 퓌(Le Puy-en-Velay)에서 한 달을 걸어 이곳에 도착했다고 한다. 그 코스는 아직 순례자가 많지 않은 지역이다. 그러다 보니 순례자가 찾아오면 반갑게 맞이하는 현지 사람들을 만날 수 있다고 한다. 하긴 그 복장이면 어딜 가나 환영받았을 거다. 프랑스 시골사람들로서는 동양인과의 만남 자체도 드문데, 일본 수도승의 복장까지 했으니 얼마나 신기했으랴.

둘이 함께 이런저런 이야기를 하면서 걷기 시작했다. 하지만 문제가 있었다. 그는 이미 한 달여를 걸은 숙련자였고, 나는 이제 막 걷기 시작한 초보였다. 걷는 속도가 비교가 안 된다. 그는 무거운 배낭을 지고도 닌자처럼 가볍게 움직였고, 난 이제 막 잡기 시작한 등산 스틱조차 적응이 안 되던 상황이었다. 결국 그는 숙소에서 보자며 먼저 떠났고, 난 멀어지는 그를 바라볼 수밖에 없었다.

그 이후로도 늘 그런 식이었다. 나는 배낭을 메고 하루 20~30km를 걷는 것에 도저히 적응을 못했다. 대부분의 순례자들은 아침부터 걷기 시작해 오후 1~2시면 숙소에 도착했지만, 같은 시간에 출발한 내가 숙소에 도착하는 시간은 오후 4~5시였다. 멋진 남자를 만나기는커녕, 파김치가 되어 걷다 보면 오후쯤에는 얼굴을 익힌 할머니들이 다가와 "기운 내라."며 인사를 하곤 했다. 물론 다들 착하고 멋진 할머니들이긴 했지만, 내심 남자를 만나기엔 제대로 '망했다'는 생각이 들었다.

피레네 산에서 만난 오헨로상

론세스바예스에서 쥬비리(Zubiri)로 향하는 날, 가늘게 비가 왔다. 카페 콘레체라고 불리는 우유를 넣은 커피를 하나 사서 등산용 컵에 넣고 빗속에서 마시면서 걸었다. 아직 새벽, 숲길을 통과해야 하는데, 어두워서 혼자 가긴 좀 무섭다. 누가 오길 기다리는데 오리손 산장에서 만난 리타가 왔다. 60대인 그녀는 유방암 4기였다고 한다. 그래서 서둘러 이곳에 왔노라고 한다. 실제로 큰 병을 앓은 후 이 길을 선택한 사람들도 많았다. 미국에서 온 마크 역시 뇌졸중을 극복하고 이곳에 왔다.

나무가 빼곡한 숲속의 오솔길을 빠져나와 야트막한 평원을 지나는데, 어디서 맑으면서도 묵직한 종소리가 울려 퍼진다. 고개를 돌려보니 소들이 옹기종기 모여 있다. 소의 목에는 묵직한 워낭이 걸려있었다. 소들이 천천히 움직이다 보니 소리도 천천히 띄엄띄엄 나다가 말다가 했다.

수년 전 스리랑카의 한 명상원에서 했던 소리명상이 떠올랐다. 그냥 앉아서 크리스탈 싱잉볼이 내는 소리와 진동을 느끼는 것만으로도 마음의 안정을 느낄 수 있었다. 잠시 서서 아침공기와 워낭소리를 들이마셨다. 옆에 있는 리타를 보니 지금을 너무나 즐기고 있는 것이 보였다. 그녀가 혼자 시간을 보낼 수 있도록 먼저 길을 떠났다. 이런 시간을 매일 가지는 것만으로도 병으로 지친 몸과 마음은 치유 받을 수 있을 것이다.

중간에 지나는 휴게 음식점에서 바닥에 놓여있는 한 상자를 봤다. '남편을 찾고 있나요? 이곳에 속옷을 두고 가세요. 아내를 찾고 있나요? 놀라운 일이 벌어질 거예요.'라고 적혀 있고, 실제로 여자 속옷들이 놓여 있었다. 돌하루방 코를 만지면 아들을 낳는다거나, 남근석에 다산을 기원하거나 이

소와 워낭. 길을 걷다가 양떼나 소떼에서 방울소리가 나는 것을 들으면 마음이 편해지곤 했다.

런 종류의 이야기가 떠올라 한참 웃었다. 산티아고로 향하는 순례길에서 이 무슨 원시신앙적 모습이란 말인가. 그것보다 대체 이 속옷이 미래의 남편에게 갈지, 여자 속옷에 목마른 변태에게 갈지 어떻게 알고 속옷을 투척하는 건지 모르겠다.

쥬비리로 가는 길은 계속 내리막이다. 무릎의 통증을 느끼며 천천히 걷다가 아일랜드에서 온 쥬디와 캐나다에서 온 빌을 만났다. 아일랜드 특유의 밝은 피부색과 머리색을 가진 쥬디는 사람들에게 말을 거는 걸 좋아하고, 마르고 키가 큰 빌은 과묵하지만 자상한 느낌이었다.

둘은 8년간 친구로 알아왔지만, 이번 여행에서 돌아가면 결혼을 할 거라고 했다. 이사도 해야 하고 준비할 것도 많지만, 결혼을 결심하기 이전에 이 여행을 먼저 계획했기에 포기할 수 없었다고 한다. 쥬디는 변화를 앞두고 조금 들떠있었다.

"나는 독신주의였어. 그래서 이 결혼은 그동안의 내 모든 걸 바꾸는 거야."

독신주의였던 아일랜드 여성이 40대 중반이 되어 캐나다인과 결혼을 결심하게 된 이유가 뭔지 궁금했다. 그녀의 말대로 결혼과 동시에 모든 생활환경이 바뀌게 될 터였다.

"계산기를 두드려봤거든."

의외의 대답에 나는 조금 떨어져 걷고 있는 빌을 흘깃 보았다. '계산을 한다.'기에 자동적으로 재산이나 집 같은 경제적 '조건'을 생각했는데, 척 봐도 빌은 그렇게 부유한 타입은 아닌 듯했다. 대체 무슨 계산을 한 건지 물어봤다.

"빌을 사랑하고 있지만, 결혼을 하면 미혼일 때 누리고 있는 생활들을 포기해야 하겠지. 생활터전이 바뀌는 문제도 있고. 그래서 망설여왔어. 그럼에도 하나하나 계산을 해보니 확신이 들었어. 우리가 함께 하면 서로 잃는 것보다 얻는 게 많을 거야."

다들 하는 소리긴 했다. 결혼을 할 때 사랑, 인성, 경제적 능력 등 다방면으로 고민을 해보라는 말. 그렇다면 한때 독신주의자였던 그녀에게는 어떤 요인이 결정적으로 작용했는지 궁금해졌다.

"일단 빌은 아내나 어머니라는 이름으로 나의 희생을 강요하지 않는 남자야. 나 역시 그에게 아버지나 가장이라는 책임을 지울 생각이 없고. 그래서 결혼을 해도 지금까지의 관계를 지켜나갈 수 있을 것이라는 생각이 들었어. 무엇보다 우리는 오랜 시간을 들여 서로의 성격이나 인생관을 객관적으로 분석해봤고, 그 결과 둘이 지닌 삶의 철학이나 방향이 일치하고 있다는 걸 알았지."

재미있다는 생각이 들었다. 내 주변의 인생 선배들(엄마, 이모, 결혼한 친구들 등)은 결혼의 필수조건으로 '사랑'과 '돈'을 이야기했다. 방점은 주로 '돈'

에 찍혀져 있었다. '결혼하기 전엔 사랑이 먼저고, 결혼한 후엔 조건이 먼저가 되더라.' '사랑이 천년만년 갈 거 같으냐, 돈 없으면 못 산다.' 등등의 이야기였다. 실제로 남의 결혼식장에 가보면 사람들은 사랑으로 맺어진 커플을 보며 '철없다'고 비웃고, 조건을 따진 커플을 보며 '속물'이라고 소곤거리곤 했다. 어느 누구도 둘의 인생관을 언급한 사람은 없었다.

순례길처럼 모두가 고민없이 한 길로 가는 것이 인생이라면, 인생은 훨씬 마음 편할 것이다.

하지만 쥬디는 심리상담까지 하며 서로의 성격과 인생관을 분석했고, 그것을 '철저한 계산'이라고 표현한 것이다. 하긴 감정이나 경제적 조건은 변할 수 있지만 한 사람이 인생을 대하는 태도는 쉽게 변하지 않는다. 그리고 그 지점이 같다면 어떤 문제가 닥쳐도 두 사람 모두 동의할 수 있는 결론을 도출해 낼 것이다.

마을 입구에 도착하자 돌다리 너머로 오늘의 목적지 쥬비리가 보였다. 헤어질 때 그녀를 껴안고 고마움을 표했다. 그녀가 준 인사이트는 간결했다. 서로 다른 존재가 함께 하기 위해선, 상대에 대한 면밀한 분석이 필요하다. 성격은 물론 인생을 대하는 태도까지도. 하지만 그녀는 오히려 내게 고마워했다. 꼬치꼬치 물어보는 나 덕분에 스스로도 생각을 정리할 수 있었다고 한다.

"사람들이 매일, 이 길에선 누군가 특별한 이야기를 가진 사람을 만날 수 있다고 하더니, 오늘은 그게 너인 거 같아."

"나야말로 널 만나서 행운이야. 앞으로 캐나다 생활 즐겁게 하고, 행복한 결혼이 되길 바라."

그러자 그녀는 눈을 동그랗게 떴다.

"응? 결혼한 후 빌이 아일랜드로 오는 건데?"

아아, 난 어째서 당연히 결혼을 하면 여자가 남자를 따라 갈 거라고 생각했는지 모르겠다. 아직도 내 머릿속에는 성 역할에 대한 전통적 인습이 남아있는 모양이다. 이렇게 쥬디는 내게 두 종류의 통찰을 주고 빌의 손을 잡고 떠났다.

신념을 가지고 기다려봐

쥬비리에 도착했을 때는 이미 오후 4시가 넘었다. 가장 저렴한 8유로짜리 공립 알베르게는 이미 다 찼고, 15유로, 18유로짜리 알베르게도 사람이 다 찼단다. 난감하다. '비싼 호텔로 가야 하나.' 생각하며 마을을 이리저리 돌아다니는데 한 알베르게 앞에서 팔짱을 낀 여성이 나를 불렀다.

"너 아직도 숙소 못 구했어? 이리 좀 와봐."

아까 침대 있냐고 물어봤던 10유로짜리 알베르게 주인 마리아였다. 그동안 혹시 빈 침대가 생겼나 싶어서 기대를 품고 가봤다. 하지만 여전히 자리가 없다고 한다. 아니, 그럼 대체 날 왜 부른 건가.

"20분만 여기서 기다려봐."

그녀는 내 가방을 벗기고 날 숙소 앞 벤치에 앉혔다. 아까 숙소에 전화예약을 걸어둔 사람이 있는데, 5시까지 안 오면 자동으로 예약이 취소가 된단다. 시간은 4시 40분. 20분 남았다. 하지만 그전에 예약한 사람이 올 수도 있는 거 아닌가. 그럼 난 공연히 여기서 20분을 허비한 게 된다. '확실하지도 않은데 여기 앉아있어야 할까. 이 시간에 차라리 다른 숙소를 알아보는 게 낫지 않을까.' 난 엉덩이를 붙였다 뗐다 하며 갈피를 못 잡았다. 그런 나를 보며 마리아는 자신만만하게 말했다.

"신념을 가지고 기다려봐."

당당한 그 태도에 더는 대꾸할 말이 없었다. 결국 애써 없는 신념을 끌어모아 차분히 기다렸다. 드디어 5시. 마리아가 양손을 허리에 얹고 내 앞에 나타났다.

"봐, 신념을 가지니까 침대가 생겼지?"

동화 속처럼 아름다운 마을 쥬비리. 돌다리를 건너면 작은 마을이 나온다.

오늘 걸은 거리는 22km, 앞으로 산티아고까지는 727km…. 이왕 걷기 시작했으니 신념을 가지고 걸어가기로 했다.

순례자 숙소 내부. 1인실이나 2인실도 있지만
보통은 한 공간에 여러 명이 자는 다인실에서 숙박하게 된다.

남편을 원하면 이곳에 속옷을 놓고 가라는 메시지가 적혀있다.
… 전 사양하겠습니다.

04
"변태질량보존의 법칙"

사회생활을 하면서 느낀 건데, 어딜 가나 이상한 사람이 있다. 일보다 자기감정이 더 소중한 사람, 자기가 잘못하고 남 탓만 하는 사람, 사적인 스트레스를 공적으로 푸는 사람, 남의 공을 가로채는 사람, 강자에게 약하고 약자에게 강한 사람, 남의 시간을 소중히 여기지 않는 사람 등. 일을 하고 급여를 받는다는 것은 정당한 노동의 대가를 받는 거지만, 그 노동의 대가가 통장에 입금되기까지는 이런 지리멸렬한 인간관계를 넘어서야 했다.

나만 그렇게 느끼고 있는 것은 아닌가보다. 인터넷에는 '또라이 질량보존의 법칙'이라는 말이 떠돌고 있었다. 어느 집단이든 사람들을 괴롭히는 구성원이 일정량 존재한다는 거다. 그리고 집단을 바꾸더라도 다른 구성원이 다른 방법으로 괴롭힐 거라는 이야기다. 그러고 보면 엄마는 내가 일에 지쳐 '이직을 하네, 이민을 가네.' 하고 징징거릴 때마다 말씀하시곤 했다.

"여우 피하려다 호랑이 굴 들어갈 일 있냐."

'이곳만 벗어나면 다 괜찮을 것 같은데.'라고 생각할 때 엄마는 냉정하게 '여길 피해 어딜 가든 마찬가지다. 심지어 더 나쁠 수도 있다.'는 말씀을 전해주신 거다. 이미 '또라이 질량보존의 법칙'을 알고 계심에 틀림없다.

이런 세상의 법칙은 여행에서도 적용된다. 바로 '변태질량보존의 법칙'이다. '직장 내 또라이'처럼 '변태' 또한 마찬가지다. 오랫동안 여행을 하고, 다른 나라에서 삶을 살면서 내린 결론이다.

"세상 어디를 가도 일정량의 변태가 존재한다."

물론 지역에 따라 유난히 변태나 치한이 많은 지역이 있다. 그 차이는 대략 해당국가의 성 격차지수(GGI)에 비례한다고 보면 된다. 특히 여성 여행자는 여행을 하기 전에 한번 체크해보길 당부한다. 예를 들어 성 격차지수 5위의 아일랜드와 141위의 이란을 여행했을 때, 아일랜드가 아닌 이란에서 성희롱을 겪을 확률이 높다고 보면 된다. 그리고 실제로 그랬다. 하지만 여기서 중요한 것은 내가 아일랜드에서 아무 문제가 없었다고 '아일랜드는 안전하다.'고 말할 수 없는 것이다. 어디에나 일정량의 변태는 존재하기 때문이다.

산티아고 순례길도 마찬가지다. 이 길은 인생의 진리를 찾아 떠난 사람들, 신의 존재를 갈구하는 사람들, 나 자신을 만나기 위해 온 사람들이 모이는 길이다. 이렇게 무형의 존재를 찾아 길을 떠난 사람들의 눈엔 순수한 열망이 가득할 것 같지만, 다 그런 건 아니다. 이 길 역시 일정량의 변태가 존재한다. 길이 성스럽다고 사람들까지 성스러운 건 아닌 것이다.

산티아고의 슈가대디

일단, 변태는 아니지만 주의해야 하는 유형이 있다. '슈가대디'형이다. 서구권에서 '슈가대디'는 '젊은 여성들과 원조교제를 하는 나이 많은 남성'을 뜻한다. 하지만 산티아고 길의 슈가대디는 원조교제는 아니지만, 젊은 여성을 트로피처럼 데리고 다니고자 하는 중년 이상의 남성유형이다. 길을 걷다 보면 가끔 혼자 온 젊은 여성 순례자 옆에서 열정적으로 떠들며 걷는 나이 많은 남성 순례자들을 자주 볼 수 있다.

실제로 순례길에서 만난 한국 여성들에게 집요하게 따라붙던 독일 남성 이야기를 들은 적이 있다. 한국 여성 두 명과 남성 한 명이 함께 길을 걷다가 만난 독일 할아버지라고 했다. 문제는 이분이 자꾸만 한국 여성에게 과하게 스킨십을 시도했다고 한다. 결국 불편함을 느낀 여성들이 일부러 약속을 만들어 자리를 피했고, 그 자리에는 한국 남성과 이 할아버지만 남아 있게 되었다. 그러자 이분은 바로 정색을 하고 자리를 떴다고 한다. 애초에 이 어르신은 젊은 동양 여성들과 함께 있고 싶었던 것이다.

중간에 만난 한 미국 여성은 슈가대디 타입의 순례자들에 대해 '적당히 맞장구를 쳐주며 밥 몇 번 얻어먹고 헤어지면 된다.'고 말하기도 했다. 사실 이 슈가대디 타입들은 젊은 여성들에게 밥을 사주거나 여러 편의를 봐주는 경향이 있기도 하다.

하지만 이런 슈가대디 타입들의 습성에 대해 전혀 모르는 경우 문제가 발생할 수 있다. 특히 우리 상식으로는 나이 많은 이가 젊은이에게 호의로 잘 해주는 거라고 생각하기 쉽다. 실제로 우리 문화에서는 그렇기도 하다. 그러나 '어른은 나이 어린 사람을 사랑하고, 나이 어린 사람은 어른을 공경해야 사람의 도리가 바로 선다.'는 장유유서(長幼有序)는 동양에서나 존재하는 거다.

슈가대디 타입의 서양 남성들은 자신이 50~60세가 넘었지만 젊은 여성에게 충분히 매력적이라고 생각하는 경우가 많다. 특히 동양여성이 타깃이 되는 경우가 많다. 때문에 불필요한 호의가 계속되거나 조금이라도 도를 넘은 터치가 있다면 조심할 필요가 있다.

누군가 순례자 표식에 악마의 뿔과 꼬리를 그려놓았다. 어디에나 나쁜 사람은 존재한다. 길이 성스럽다고 길 위의 사람들도 다 성스러운 건 아니다.

물론 산티아고 순례길에서 멋진 인연들을 만날 가능성이 더 크다. 그럼에도 늘 염두에 두고 있어야 한다. 방심은 금물.

이 길에서 주의해야 할 남자들

사실 슈가대디 타입은 애교에 불과하다. 이 길에는 하드코어형 변태도 있다. 일단 동서를 가로질러 가장 흔한 변태는 역시 바바리맨이다. 성도착증의 한 유형인 바바리맨은, 공공장소에서 자신의 성기를 노출시키고 성적 쾌감을 얻는 이상습성을 가진 사람들이다. 산티아고 순례길도 마찬가지다. 인적이 드문 산길이나 마을 입구 등에서 바지를 내리고 등장하는 바바리맨의 출현이 가끔 보고된다. 이들은 같은 순례자인 경우도 있고 마을 사람인 경우도 있다.

개중에는 자연을 사랑하는 누디스트(나체주의자)도 있다. 한 캐나다 여성은 자신이 길에서 만난 긴 포니테일의 미국인 남성 이야기를 해줬는데, 그는 길을 걷다가 아름다운 자연을 마주하면 머리를 풀고 옷을 다 벗어젖힌 후 자연을 만끽한다고 한다. 아마 그의 긴 머리는 중요 부위를 가리기 위해 길렀나보다. 나체주의야 선택의 문제지만 허용되지 않는 곳에서 나체가 되는 것은 다른 평범한 변태들과 하등 다를 바가 없을 것이다.

두 번째는 친분형 치한이다. 주로 안면을 익힌 사람 사이에서 발생한다. 순례길 관련 카페에서 알베르게를 관리하는 자원봉사자인 호스피탈레로가 여성 순례자를 상대로 성추행을 했다는 글을 읽은 적이 있다. 또 길을 걸으면서 알게 된 순례자들 사이에서 무리하게 신체접촉을 시도하는 경우들이 있다.

사실 산티아고 길에서 악수나 가벼운 포옹, 가벼운 양쪽 뺨 키스는 흔히 있는 친밀감의 표시다. 하지만 우리가 언제부터 친했다고 과도한 친밀감을 표현하려는 사람들이 있다. 예를 들면 '쪽, 쪽' 하고 경쾌하게 끝나야 할 뺨 키스인데 1초 이상 뺨에 입술을 붙이고 있다거나, 무리하게 어깨나 허리를 감싸려고 하는 행동 등이다. 이렇게 무례하고 일방적인 스킨십에는 단호하게 'NO'라고 이야기하는 것이 중요하다.

그런데 이 경우 '문화차이'라며 오히려 억울함을 호소하는 서구권 남성들도 있다. 본인들의 나라에서는 이게 자연스러운 스킨십이라고 주장하는 거다. 이때 '그런가보다.' 하고 넘어가면 안 된다. 헷갈리면 잘 생각해보면 된다. '지금 이 남성이 자기 나라 여성을 만났을 경우 똑같이 행동할까?' 그럼 간단히 답이 나온다. 이들은 보통 자국 여성을 상대로 이런 스킨십을 하지 못한다. 그리고 백번 양보해서 이게 설령 그들의 문화라고 해도 내가 불편함을 느낀다면 'NO'라고 이야기해야 한다. 그들의 문화만 존중받아야 할 대상이 아니다. 내가 나고 자라고 나의 바탕이 된 문화도 똑같이 존중받을 권리가 있다.

친분형 치한은 한국인 순례자 사이에도 발생할 수 있다. 실제로 산티아고 길을 걷다가 13살 정도 차이가 나는 한국 남성에게 성추행을 당한 20대 대학생이 있었다. 순례 초반에 한국인 몇 명이 함께 저녁식사를 한 적이 있어서 나도 그 남성을 알고 있었다.

첫 만남도 사실 어딘가 석연찮았다. 그 남성의 이름이 꽤 특이해서 그 이름은 부모님이 어떤 뜻으로 지어주신 건지 물어보자, 대번에 공격적으로 "그쪽은 나이가 몇 살인데 내 이름을 입에 올리냐?"는 삐딱한 질문이 돌아왔다. 어이가 없긴 했지만 그냥 "너보다 두 살 더 많다."고 하자 바로 제압할 수 있었다. (나이가 무슨 권력도 아니고, 사람만 보면 나이로 서열 짓는 행동은 그만 좀 했으면 싶다. 최소한 한국 밖에서라도.) 어쨌든 그래서 그의 이름을 기억하고 있었다. 그런데 나중에 그 여학생에게 카톡 메시지가 왔다. 혹시라도 그 남성과 마주치면 조심하라는 거다.

그 둘은 순례 초반에 한 번 만나고 중반에 다시 마주쳤다고 한다. 늘 "오빠가~"라는 말을 입에 붙이며 친밀감을 과시하더니 하루는 "서로 안마를 해주자."는 식으로 들이댔다고 한다. 그리고 그게 안 통하니 결국 바래다준다는 핑계를 대서 인적 없는 길에서 억지로 껴안는 추태를 부렸다. 그것만으로도 충격적이지만 그 이후의 이야기도 공포스럽다. 그 후 그는 아무 일 없다는 듯 매일 그녀에게 카톡 메시지를 보내며 스토킹을 일삼았다.

문제는 그녀뿐이 아니었다. 그 남성이 다른 한국 여성에게도 "서로 안마를 해주자."는 식으로 친밀함을 가장한 성추행을 시도했다는 소문이 들려왔다. 주로 20대 초반 여성들에게 '오빠'임을 내세워 두루두루 들이대는 듯했다. 한국인 순례객들 사이에는 그 남자를 조심하라는 소문이 퍼지기 시작했다. 혹시라도 그가 내 눈에 띄면 '엄한 누나의 위엄'을 보여주고자 했지만, 걷는 속도 차이 때문에 다시 만날 일은 없었다.

물론 이 길에 변태나 치한, 슈가대디만 있는 건 아니다. 산티아고 순례길에서 멋진 인연을 만날 가능성이 더 많다. 매일 마주치면 "올라(Hola, 안녕)"와 "부엔카미노(Buen camino, 좋은 여행)"를 외치고, 저녁이 되면 함께 포도주잔을 기울이며 조심스럽게 이 길을 선택한 이유를 물어보는 상식적이고 친절한 사람들이 대부분이다. 앞서 말한 케이스들은 극히 일부의 일부이고, 그 한국 남성도 수많은 성실한 한국인 순례자 중에 단 한 명의 치한이었을 뿐이다.

하지만 굳이 이런 즐겁지 않은 이야기를 하는 이유는, 위에도 언급했지만 이 세상 어디에나 자신의 성적 만족을 위해 여성을 이용하려는 남성들이 존재하기 때문이다. 그러니 아무리 산티아고 순례길이어도 늘 염두에 두고 있어야 한다.

'방심은 금물'이라는 것을.

다른 사람과 함께 하는 공간에서 옷을 입지 않아도 괜찮은 건 동물 정도가 아닐까.

05
“그냥 걷기만 하는 길이 아니다”

신은 사랑, 사랑은 신?

쥬비리에서 팜플로나로 가는 길은 20km, 아르가 강을 따라 아기자기한 숲속 길을 걷게 된다. 아직 걷는 게 익숙하지가 않아 꽤 고전했다. 걷다가 쉬다가 하다 보니 계속 마주치는 두 할아버지가 있었다. 동갑내기 친구 피터와 제임스다. 이들은 아일랜드에서 온 은퇴자인데, 제임스의 다리가 불편해서 피터가 먼저 가서 제임스를 기다리다가 제임스가 오면 둘이 다시 출발하곤 했다.

피터는 독실한 가톨릭 신자였다. 피터 말로는 젊을 때는 두 사람 다 독실했다고 한다. 그는 이 길을 통해 제임스가 다시 신앙을 되찾길 바라고 있었다. 하지만 제임스에게 그 말을 전해주자 그는 그냥 웃었다. 그는 지금은 왜 성당에 안 나가냐는 내 물음에, 살면서 죄도 짓고, 사랑하는 사람도 잃고 하다 보니 어느새 성당과는 멀어졌다고 한다.

“그렇다고 신을 안 믿는 건 아냐. 한때 원망하기도 했는데, 지금은 그냥 신과 나는 친구 같은 사이지.”

“신과 친구 같다는 건 어떤 거죠?”

“뭐, 지금이랑 비슷해. 내가 좀 천천히 가도 저 친구가 기다려주고, 물론 잔소리를 좀 하긴 하지만 말이야. 그리고 또 나란히 걷기도 하고. 그러다보니 믿는 거지, 항상 함께라는 것을.”

그 대답을 듣고 냉큼 다음 구간에서 제임스를 기다리고 있는 피터에게 전해줬다.

“제임스는 굳이 성당에 안 가도 된다는데요. 신이랑은 피터처럼 친구 사이라는데요?”

"저 늙은이가 또 쓸데없는 소리하는구만. 신은 그런 존재가 아냐."

툴툴거리면서도 피터는 좀 기뻐보였다. 먼저 출발하려다가 피터에게 질문을 던졌다.

"그럼 신은 어떤 존재인가요?"

"간단해. 신은 사랑이지(God is love)."

의외로 뻔한 대답에 김이 빠졌다. 그런데 그가 덧붙였다.

"하지만 오해하지 마. 신은 사랑이지만, 사랑은 신이 아냐. 일생을 거쳐서 내가 이거 하나 깨달았지. 내가 젊을 때 저지른 수많은 실수는 그 착각에서 비롯됐거든."

신처럼 숭배하던 사랑이 자신을 구원하지 못한다는 것을 깨닫는 순간, 절망의 끝에서 우리는 어떤 선택을 할 수 있을까. 나는 뉴스에서 본 한 남자를 떠올렸다. 그는 여자 친구를 죽이고 시신을 암매장했다. 그리고 그 여자를 "사랑했다."며 흐느꼈다. 하지만 그것은 사랑이 아니다. 그의 사랑은 본래의 의미를 잃고 잘못된 욕망을 정당화하기 위한 도구였을 뿐이다.

'자식사랑'이나 '나라사랑' 등 '사랑'이란 단어가 붙은 채 행해지는 많은 행위들도 마찬가지다. 우리 삶에서 '사랑'은 자주 자신의 욕망을 감추기 위한 당의정으로 쓰이곤 했다. 하지만 피터의 말대로 '신은 사랑이지만, 모든 사랑이 신인 것은 아니다.' 의외로 간단한 진리인데, 그동안 그 단어의 위용에 가려 못 보고 지나쳤던 부분이기도 했다. 나는 인생을 걸쳐 깨달았다는 진리를 나누어 준 피터를 향해 고개를 숙이고 길을 떠났다. 이 길에서 스쳐지나가는 모든 말들은 내게 인생의 의미가 되어 새겨지고 있었다.

팜플로나의 문화충격

팜플로나 이정표가 보이더니 어느새 눈앞에 영화에서나 보던 중세의 요새가 나왔다. 시내로 들어가려면 성벽을 빙 둘러 성문으로 들어서야 했다. 아무리 힘들어도 분위기 잡는 걸 포기할 수 없다. 이어폰을 꺼내 비장한 표정으로 미국 드라마 「왕좌의 게임」 배경음악을 들으며 들어섰다.

성안의 구시가지는 광장을 중심으로 작은 골목들이 사방팔방 이어져 있다. 관광지답게 코너만 돌면 기념품가게가 보이고, 관광 정보와 맛집 정보도 넘쳐난다. 순례자들은 들뜬 마음으로 팜플로나 구경에 나섰다. 하지만

난 피곤에 지쳐 큰 관심이 없었다. 우울하게 시내를 걷다가 론세스바예스에서 만났던 일본인 순례자 준을 만났다. 걸음이 빠른 그는 이미 어제 도착해 이틀째 묵고 있었다. 준은 며칠 만에 푸욱 시들은 내 얼굴을 보고 안쓰러워했다.

"원래 초반에는 힘들어. 익숙해지면 괜찮아질 거야."

"그런 날이 올까. 도저히 걷는 걸 즐기지 못하겠어."

"그걸 넘어서는 게 도보여행의 묘미야. 그리고 곧 다른 즐길 것들도 찾을 수 있을 거야. 네가 처음 이 길을 걷겠다고 한 이유를 생각해봐."

말 못할 이유는 물론 '남자를 찾아서'다. '눈앞에 멋진 남자라도 보이면 이렇게 힘들지는 않겠다.'는 말이 목구멍까지 나왔지만 꾹 삼켰다. 내 속을 알 리가 없는 준은 끝까지 내 기분을 풀어주고자 애썼다.

"팜플로나는 관광지니까 한 이틀 쉬면서 기분전환도 해. 카스티요 광장에 헤밍웨이가 갔다는 카페도 있어. 그리고 팜플로나 대성당은 가봤어? 거기 박물관 입장료가 3유로인데 꼭 가봐."

헤밍웨이가 갔다는 카페는 '카페 이루냐(Café Iruña)'다. 팜플로나는 그의 소설 『태양은 다시 떠오른다』의 배경이 된 도시다. 소설의 주인공은 팜플로나의 소몰이축제를 보기 위해 이곳에 오게 된다. 산페르민(Festival of San Fermin)이라는 그 축제는 좁은 골목에 화가 난 소를 달리게 하고 그 소를 피해 달리는 축제다. 그 과정에서 매년 사망자와 부상자가 생겨 해외 토픽에 오른다.

하지만 도저히 '유명한 카페에서 음료를 시켜놓고 인증샷을 찍어 페이스북에 올릴 기분'이 안 난다. 결국 팜플로나 대성당(La catedral de Santa María)으로 향했다. 성당에서 차분히 우울한 마음을 달래볼 생각이었다. 하지만 그곳을 방문한 것은 뜻밖의 큰 수확이었다.

팜플로나 대성당은 입구까지만 해도 평범한 큰 성당이었다. 하지만 박물관으로 이어지는 통로에서부터 분위기가 달라졌다. 전체적으로 오래된 공간과 빛, 전시물, 음악까지 조화를 이루도록 섬세하게 설계되어 있었다. 조용히 조명을 받으며 전시되어 있는 12세기 목재 성모상도 인상적이었지만, 전시의 하이라이트는 큰 벽을 가득 채우고 있는 수십 개의 성모마리아상 컬렉션이었다. 특히 그 공간은 흑백의 천으로 장식해 현대식 갤러리를 방문한 느낌이었다.

성당 박물관을 한 번 돌아보고, 감동에 겨워 다시 한 번 돌아봤다. 지금까지 스페인에 대한 이미지는 그저 '축구 잘하는 나라'였다. 인터넷에서 한국 막장 드라마 못지않은 스페인 드라마를 보며 깔깔 웃었던 적도 있었다. 그 외에는 플라멩코와 투우, 가우디 정도가 내 배경지식의 전부였다.

하지만 팜플로나 대성당 박물관에서 깨달았다. 지금 내가 걷고 있는 이 나라는 15세기 대항해시대를 열면서 유럽 패권을 장악한 나라다. 원양항해술이 가장 발달한 해양강국이었기에, 콜럼버스는 이사벨 여왕의 후원으로 신대륙을 발견할 수 있었다. 그 후 스페인은 황금시대를 맞이하게 된다. 당시 "스페인이 움직이면 세계가 떤다."고 할 정도였다.

물론 그 황금은 안데스 왕들의 금을 약탈한 것이었지만, 어쨌든 이를 바탕으로 스페인은 당대 최고의 문화수준을 이룰 수 있었다. 그리고 그 화려한 문화적 전통은 잘 보존되고 가공되어 지금까지 내려오고 있었던 것이다. 순례 5일째, 전혀 의도치 않게 내가 걷고 있는 나라가 단순히 축구만 잘하는 나라가 아님을 실감했다.

그냥 걷기만 하는 길이 아니다

순례길을 출발하기 전, 한 한국인 여행자를 만났다. 그는 대뜸 산티아고 순례길에 간다는 내 말을 듣자마자 "아니, 거길 왜 가요?"라며 공격적인 어투를 시전했다. 그는 '한국 여행자들은 자기 주관도 없이 무분별하게 유행만 따른다.'며 산티아고 순례길로 향하는 한국인들에 대해 비판적이었다. 책이나 방송에 소개된 유명한 장소에는 언제나 한국인이 몰린다는 거다. 그는 이렇게도 말했다. "산티아고 길 말고도 전 세계에 멋진 트레킹 코스가 얼마나 많은데, 왜 굳이 한국 사람도 많은 거길 가는지 모르겠어요."

여행을 하다 보면 자신의 여행법만이 정석인 양 목소리를 높이고, 남의 여행에 잣대를 들이대는 여행자들을 만나곤 한다. 그럴 필요가 있나 싶다. 남들이 많이 가는 곳에 가보고 싶은 사람도 있고, 남들이 잘 안 가는 곳에 가보고 싶은 사람도 있다. 하지만 그건 취향의 문제이지, 주관이 없다고 비난받을 부분은 아니다. 그리고 한국인 여행자가 무슨 호환마마를 불러오는 것도 아닌데, 한국인 여행자가 많다고 칠색팔색할 필요가 있나 싶기도 하다. 그럼 본인은 무슨 유럽인인가.

내가 반년 동안 유라시아를 육로로 가로지른 것도 여행이고, 옆집 아줌마가 14박 15일 동안 유럽 10개국을 돈 것도 여행이다. 마찬가지로 속초를 무전여행으로 가는 것도 여행이고, 고속버스 타고 가서 포켓몬 잡는 것도 여행이다.

익숙한 내 지역을 떠나 새로운 지역을 보고 느끼고 즐기는 것이 여행인데, 꼭 여행에 대단한 의미를 부여하고, "실존주의적 물음" 운운하는 사람들이 있다. 실존주의적 물음 이전에, 더 넓은 세상을 보며 편견과 선입견을 버리는 태도가 우선 필요하지 않을까. 여행이 뭐 별건가. 각자 능력껏, 취향껏 가는 게 여행이다. 각자의 여행에는 각자의 가치가 있다.

팜플로나 대성당을 나오며 다시 그를 떠올렸다. '전 세계에 산티아고 순례길보다 더 멋지고 유명한 트레킹 코스가 얼마나 많은데 거길 왜 가냐.'는 말이 기억나서였다. 물론 전 세계에 유명한 경관을 자랑하는 트레킹 코스는 많다. 이탈리아의 돌로미테 트레킹이나 중국의 윈난 호도협 트레킹, 뉴질랜드의 밀포드 트레킹 등. 하지만 산티아고 순례길에는 이 길만의 매력이 있다. 바로 '서사'의 가능성이다.

AGENCIA

산티아고로 향하는 800km의 길. 천 년이 넘는 시간동안 전해 내려온 이 순례길에는 각기 다른 문화와 전통을 지닌 마을과 유적지, 가톨릭 성인들의 기적, 마녀사냥의 역사, 템플기사단의 미스터리, 그리고 수많은 순례자들이 새겨놓은 염원이 있다.

그리고 이 오래된 서사는 오늘날 길을 걷는 순례자에게 녹아들어, 새로운 이야기로 쓰여진다. 빠르고 편한 차를 놔두고 굳이 고집스럽게 이 길을 걷는 평범한 사람들이 쓰는 서사시다. 우연히 만난 피터가 전해준 '신은 사랑이지만, 사랑은 신이 아니다.'라는 말은, 그가 길을 걸으며 쓰고 있던 젊은 날의 서사시 중 한 대목이었다. 그리고 그의 이야기는 그 옆을 걷고 있던 내게 전해져 내 인생에 더해진다.

두 번 다시 만날 일은 없겠지만 혹시나 그 한국인 여행자가 이 글을 보고 있다면 꼭 말해주고 싶다. 산티아고 순례길은 그냥 걷기만 하는 길이 아니라는 것을. 이 길을 걷는다는 것은 천 년 동안 쓰여진 이야기와 앞으로 쓰여질 이야기 사이를 걷는다는 의미다. 그리고 그 이야기의 깊이 속에서 자신만의 서사시를 발견할 수 있는 기회이기도 하다. 이 길의 매력은 시대를 뛰어넘는 풍부한 이야기인 것이다.

06

“지저스 러브스 미”

순례 6일째. 팜플로나(Pamplona)에서 푸엔테 라 레이나(Puente La Reina)까지 22km를 걷는 날이다. 9월 중순을 지난 시점이다 보니 이미 추수가 끝난 밀밭을 계속 따라 걷게 된다. 이날의 하이라이트는 해발 800m에 위치한 '용서의 언덕(alto del perdon)'이다. 오르막을 올라가다보면 하얀 바람개비 같은 풍력발전기들이 세워져있고, 그 정상에 오르면 순례자 행렬을 본떠 만든 철로 만든 기념물이 있다. 이 기념물이 산티아고 순례길을 대표하는 이미지다.

철로 된 기념물에는 이런 글귀가 적혀있었다. 'donde se cruza el camino del viento con el de las estrellas.' 스페인어로 '바람의 길과 별의 길이 만나는 곳'이란 뜻이다. 바람은 지금 내 온몸을 강타하는 이 바람을 뜻할 테고, 별의 길(la ruta de las estella)은 오래전부터 산티아고 순례길을 뜻하는 말이었다. 옛 순례자들은 은하수를 따라 동쪽에서 출발하여 서쪽의 산티아고 데 콤포스텔라에 도착했기 때문이다. 파울로 코엘료의 소설 『순례자』에도 이 은하수는 모든 여정의 시작을 장식한다.

살아오는 동안 겪은 수많은 일들 중에서, 난 산티아고 순례길에서 보낸 그 첫날밤을 잊을 수가 없다. 여름인데도 추웠던 그날 밤, 페트루스가 건네주었던 포도주의 향이 아직도 입 안에서 맴돌고 있다. 침낭에 들어가 누운 내 눈앞에 펼쳐진 밤하늘에는 우리가 앞으로 거쳐 가야 할 광막한 길을 보여주는 은하수가 반짝이고 있었다.

이날 순례자들의 화두는 단연 '용서'였다. '용서의 언덕'을 향해 오르는 길은 어떤 이들에게는 영감을 주기도 한다. 오리손에서 처음 만났던 미국 노부부가 그랬다. 조금 감격한 표정의 그들은 이 길을 걸으며 '용서'에 대해 생각해보는 것도 인생의 큰 기회라며, 내게도 용서할 존재가 있는지 물어봤다.

걷기도 힘든데 뭘 또 용서까지 해야 하나 싶다. 그래서 그냥 "딱히 가슴에 담아두고 있는 일이 없다."고만 대답했다. 실제로 없기도 했고, 설사 있더라도 내 용서가 의미가 있을까 싶다. 어차피 상대는 내가 용서를 하든 말든 잘 살고 있다. 그리고 내가 이 산길을 용을 쓰고 오르며 용서를 해봤자, 내 심신의 안정을 위한 소소한 정신승리에 지나지 않을 것이다.

우리는 늘 용서의 힘과 가치에 대해 이야기한다. 테러로 사랑하는 아들을 잃은 어머니가 테러범을 용서하는 미담은 전 세계에 보도되며 우리를 훈훈하게 만든다. 자신의 감정을 선택할 수 있느냐 아니냐에 따라 우리는 자유로운 사람이 되거나 그 반대가 될 수도 있다. 그 어머니는 분명 자유로운 사람이다.

하지만 이것은 한 뛰어난 개인의 사례일 뿐이다. 기본적으로 남에게 무엇을 주기 위해선 자신이 그것을 지니고 있어야 한다. 용서 또한 마찬가지다. 지니고 있지 않은 것을 화해와 평화라는 명목으로 내어줄 수는 없는 노릇이다. 그리고 사실 피해자가 '용서를 하는 것'보다, 가해자가 '용서를 비는 게' 더 중요한 게 아닌가. 좀 복잡한 심정이 되어 남은 길을 걸었다.

용서의 언덕을 내려와 한참 걷다 보면 오바노스(Obanos)라는 마을이 나온다. 이 마을의 성당에는 전해 내려오는 이야기가 있다. 옛날 아키텐 왕국의 펠리시아라는 공주가 있었다. 이 공주는 산티아고 순례를 마치고 돌아오다가 이 작은 마을에 멈췄다. 그리고 이곳에서 평생 가난한 이들과 순례자를 돌보며 살기로 했다.

그 사실을 듣고 그의 오빠 기욤 공작이 동생을 데리고 돌아가기 위해 이곳에 왔다. 그러나 동생의 설득에 실패하자, 그는 분노하여 그녀를 칼로 죽이고 만다. 죄책감에 빠진 그는 신에게 죄를 용서받고자 산티아고 데 콤포스텔라로 향했다. 그런데 순례를 마치고 돌아오는 길에 그는 이 마을에 멈췄다. 그리고 마을에 성당을 짓고 동생이 뜻했던 것처럼 평생을 봉사하며 살았다고 한다.

그가 지었다는 성당에서 그의 선택을 되새겨봤다. 기욤 공작은 왜 고국으로 돌아가지 않았을까? 당시 교리상 산티아고 순례를 마치면 그는 죄 사함을 받는다. 만약 그가 순례를 통해 용서를 받았다고 느꼈다면 그는 이 마을에 멈추지 않았을 것이다. 하지만 그는 동생의 선한 뜻을 이어받는 길을 택했다. 교회의 용서가 있었음에도. 그는 '용서받기 위한 행동'을 멈추지 않았던 것이다.

용서는 중요하다. 하지만 이렇게 '용서를 받는 것'에 방점이 찍혀야 한다. 어떤 문제가 평화롭게 해결되기 위해서는 가해자의 '용서를 받기 위한 행위나 자세'가 우선 필요하다. 그리고 피해자나 약자가 '용서를 하는 행위'는 '반드시'가 아닌 선택형 옵션이 되어야 한다. 이 단계를 거치지 않고 화해니 평화를 말하는 것은 가해자의 죄의식을 덜어주기 위한 면죄부에 지나지 않는다. 면죄(免罪), '죄를 면하다.'는 그 말을 되새기며 나는 진저리를 쳤다. 용서가 면죄에 이용되어서는 안 될 것이다.

donde se cruza el camino del viento con el de las estrellas.
바람의 길과 별의 길이 만나는 곳

지저스 러브스 미

어느 날, 독일 코미디 영화를 봤다. 「지저스 러브스 미 Jesus Loves Me」(2012)라는 영화였다. 결혼에 실패한 독일 노처녀 마리 앞에 어느 날 한 청년이 등장한다. 그들이 처음 만난 날, 마리는 이 독특한 청년에 대해 궁금해졌다.

"어디 출신이에요?"

"갈릴리. 팔레스타인에 있어요."

해맑게 팔레스타인이라고 답하는 청년의 모습에 그녀는 기겁한다.

'팔레스타인! 세상에, 테러리스트…. 잠깐, 쉽게 단정 짓지 말자.'

"이름은 뭐예요?"

"여호수아."

'거봐, 진짜 테러리스트잖아.'

이런 식으로 시작하는 영화다. 지구 종말을 지켜보기 위해 신의 아들 지저스가 지구에 왔는데, 막달라 마리아의 환생인 독일 노처녀 마리와 썸을 탄다는 설정이다. 사실 영화는 재미있지도 않고 감동적이지도 않았지만, 잘생긴 지저스(플로리안 데이비드 핏츠)는 확실히 기억에 남았다. 사실 겉모습이야말로 우리가 현혹되어 미끼를 물기 가장 쉬운 것이 아닌가. 그리고 실제로 나는 그럴듯한 겉모습에 현혹된 아픈 경험이 있다.

오래전 북인도 마날리를 여행할 때였다. 전망 좋은 숙소를 찾아 헤매다가 포기하고 골목 귀퉁이 저렴한 게스트하우스에 자리를 잡았다. 그런데 너무 저렴한 숙소였나 보다. 짐을 풀고 보니 이스라엘 여행자들의 아지트였다.

인도를 여행하는 이스라엘 여행자 중 다수가 군복무를 마치고 온 20대 초반 젊은이들이다. 군대에서 막 제대해서인지 술과 마리화나에 적극적이고, 시비가 붙는 경우도 많았다. 휴양도시 마날리는 온천으로도 유명하지만 마리화나로도 유명했다. 때문에 이스라엘 여행자의 아지트에 들어섰다는 것은 24시간 머리 아픈 마리화나 냄새를 맡아야 한다는 거다.

마당에 둘러앉아 서로 이야기를 나눌 때도 이스라엘 친구들은 어김없이 얇은 미농지 같은 담배종이를 꺼내 마리화나를 돌돌 말고 있었다. 그런데 그 중 한 명이 어쩐지 낯이 익다. 잘생긴 것뿐 아니라 어딘지 아련한 느낌이었다. 나는 자꾸만 그에게 시선을 던졌다. 오랫동안 알아온 듯한 이 느낌…. 이 익숙한 감정은 대체 무엇일까. 결국 물어봤다.

"저기, 작업 거는 건 아닌데, 우리 언제 만난 적 있니? 낯이 익어서 그래."

그러자 곱슬머리에 납작한 키파(유대인 모자)를 쓴 그의 친구가 웃으며 말을 받았다

"설마 너 얘 모르니? 교회 안 다니는구나."

"응. 안 다니는데…?"

"얘 그 사람 닮았잖아. 지저스."

"오. 마이. 갓."

그냥 감탄사일 뿐인 '오마이갓(oh my god)'이 이렇게 적절하게 사용되다니. 그윽한 눈빛에 어깨까지 오는 갈색 웨이브 머리…. 진짜 성화에 그려져 있는 그분을 닮았다. 어쩐지 오랫동안 알아온 듯한 느낌이 들더라. 내가 교회는 안 다녀도 성탄절마다 그분이 나오시는 영화는 많이 봤다.

문제는 그분과 외모만 닮았다는 거다. 그는 그윽한 눈빛을 하고 내게 마리화나 연기를 내뿜곤 했다. 대체 왜 저 외모로 저런 행동이나 하는 건지.

나는 연기와 함께 내 환상이 사라지는 것을 가슴 아프게 바라봐야 했다.

그뿐이 아니었다. 어느 날 밤, 누군가 내 방문을 두드렸다.

"자니? 나야, 지저스."

'오. 마이. 갓'

나는 문이 잠긴 것을 확인하고, 혹시 몰라서 의자까지 문 앞에 가져다 둔 후, 그가 물러갈 때까지 숨을 죽이고 있었다. 그때 이후로 생긴 것에 현혹되지 말자는 교훈을 늘 가슴에 새겼다. 그윽한 눈빛은 미끼일 뿐이다. 나중에 이 이야기를 한 친구에게 하자, 그는 박장대소했다.

"맙소사. 문자 그대로 지저스가 네 방문을 두드렸는데, 넌 그냥 보냈어? 이 지옥에 갈 여자야!"

"그럼 내가 어떻게 해야 했는데?"

"따뜻한 스프를 대접했어야지."

글쎄, 그가 배가 고파서 내 방문을 두드린 것 같지는 않았는데 말이다. 그분도 설마 이런 일로 날 지옥에 보내시진 않겠지. 어쨌든 시간이 흘러 2015년, 난 산티아고로 향하는 길에서 다시 지저스와 마주쳤다. 이번에도 진짜 지저스는 아니고 닮은 남자였다.

산티아고에서 만난 지저스

푸엔테 라 레이나로 향하던 중, 그만 길바닥에 주저앉아 버렸다. 어깨를 파고드는 배낭끈 때문이었다. 배낭끈 조절하는 법을 배우긴 했다. 하지만 어떤 날은 배낭과 등이 완전히 일치되어 내려놓기 싫을 정도의 궁합을 자

설산으로 유명한 마날리. 야생 마리화나 또한 유명하다.

랑하는 날도 있고, 아무리 고쳐 매도 글러먹은 날이 있다. 이날은 아침부터 꼬인 날이었다. 배낭이 사람을 업고 다니는 거라면, 얘가 얌전히 업혀있지 않고 계속 온몸을 비틀며 투덜대는 식이다.

조금만 더 가면 다음 마을이 나왔지만 거기까지 가지도 못하겠다. 길바닥에 앉아있자 지나가던 사람들이 괜찮냐고 물어봤다. 그때마다 문제없다고 답하고 잠시 더 망연히 앉아있었다. 목적지까지는 8km 정도 남은 듯했다. 그때 누군가 또 다가왔다.

"괜찮아? 도움이 필요해?"

"아니야, 조금 지쳤을 뿐이야."

답하면서 고개를 들어 그를 바라봤다. 태양을 등지고 서 있는 한 남자가 보였다. 빛을 등지고 서 있기에 그의 온몸이 빛에 싸인 것 같았다. 나는 자리를 털고 일어나며 이름부터 물었다.

"근데 너는 이름이 뭐니?"

"다니엘이야."

다니엘과의 첫 만남이었다. 이스라엘에서 온 이 순례자는 깊고 그윽한 눈, 갈색 곱슬머리를 지녔다. 그리고 그는 특이하게도 진짜 나무지팡이를 짚고 다녔다. 대부분의 순례객들은 등산스틱을 지니고 다니고, 그게 아니더라도 생장의 기념품가게에서 파는 잘 손질된 가벼운 나무스틱을 들고 다니는데, 그에 비하면 그의 나무 '작대기'는 야생 그 자체였다.

그 외모에 저 지팡이까지 짚고 있으니 정말 광야를 걷는 그분과 비슷하게 생겼다. 그래서 그가 나타날 때마다 한국인 순례자들끼리 "오, 주님이 오셨어."라고 소곤거리며 웃곤 했다. 아아, 단지 겉모습일 뿐인데 나는 어느새 현혹되어 버렸다.

07
“붉은 돼지의 습격”

생장에서 출발해 많은 다리를 건넜지만, 이곳의 다리가 가장 아름다웠다. 푸엔테 라 레이나(Puente la Reina)의 다리다. 마을을 나가는 출구에 6개의 아치로 이뤄진 베이지색 돌다리가 우아하게 강물 위에 드리워져 있었다.

건축물에도 남성과 여성이 있다면 이 다리는 분명히 여성일 거라는 생각이 들었다. 심지어 다리 이름도 '여왕의 다리'다. 12세기 카스티야 왕국의 산초 3세의 부인이 지었다고 한다.

이 마을은 프랑스 각지에서 출발한 순례자들이 깔때기처럼 모여 하나의 길로 합쳐지는 곳이기도 하다. 다니엘과는 만난 시점부터 이곳까지 함께 걸어 같은 알베르게로 들어왔다. 각자 배정받은 방으로 향하는데 그가 나를 불러 세운다.

"좀 이따가 마을 구경이나 같이 갈까?"

"그래. 나간 김에 저녁도 먹고 오자."

우리는 정원에서 다시 만나기로 했다. 짐 정리를 마치고 즐거운 마음으로 방을 나서는데 한국에서 인터넷 전화가 왔다. 일 관련 전화였다. 진행이 늦어져서 마감을 못 끝내고 온 프로젝트가 있었다. 경험상 일이 자꾸 미뤄지는 건 나쁜 징조다. 그래도 일단 약속된 수정 작업은 해야 했다. 그렇게 긴 통화를 마치고 부랴부랴 정원으로 나가봤지만 다니엘은 보이지 않았다. 아니, 대체 그새 어딜 간 거지.

속상한 마음으로 정원에 앉아있는데, 한국인 여성 순례자 두 명을 만났다. 각자 혼자 여행을 왔는데, 며칠 전 이 길에서 만났다고 한다. 우리는 의기투합해 슈퍼에서 재료를 사서 요리를 하기로 했다.

순례길에서 밥 먹는 것을 잠깐 설명해보면, 보통 아침과 점심은 걷다가 마을에 있는 바르(bar)라고 불리는 카페에서 해결했다. 주로 아침엔 우유를 넣은 커피(카페콘레체)와 크루아상을 먹고, 점심은 간단히 샌드위치나 스페인식 감자오믈렛인 토르티야를 먹었다.

토르티야는 달걀을 푼 물에 감자를 썰어 넣고 구운 요리인데, 보통 커다란 파이 형태로 생긴 것을 한 조각씩 잘라 내준다. 처음에는 저렴한 가격에 한 끼 든든하게 식사가 돼서 좋았는데, 매일 먹다 보니 나중엔 아주 지겨워졌다. 하지만 다른 음식 이름을 몰라서 초반엔 무조건 토르티야만 시켜 먹었다.

저녁은 각 알베르게나 근처 레스토랑에서 제공하는 순례자메뉴가 있다. 순례자메뉴는 8~10유로에 전채, 메인, 디저트의 3코스 요리가 나온다. 가격대비 훌륭하긴 하나 매일 먹으면 지겹기도 하고, 30여 일의 긴 여정에서 매일 지출하기엔 부담이 되는 금액이기도 하다.

사실 스페인은 식재료가 저렴한 편이어서 슈퍼나 시장에서 재료를 사서 요리를 하는 것도 방법이다. 문제는 매일 이동을 해야 하기에 남은 음식이 처치곤란이라는 것이다. 그래서 슈퍼에서 저렴한 치즈나 고기, 야채 등을 볼 때마다 사고 싶어도 꾹 참았던 차였다. 의기투합한 셋이서 소고기를 사서 굽고 와인과 함께 즐거운 저녁시간을 보냈다. 다니엘에 관한 건 잊고 수다에 빠져 있는데 어느새 그가 정원에 나왔다.

"아까 어디 갔었어?"

"여기서 기다렸는데, 네가 계속 안 보여서 그냥 혼자 마을에 갔었어."

좀 미안해졌다. 다니엘은 잠시 테이블에 앉아있었지만, 여자 세 명에 둘러싸여 있으니 좀 당황스러운 듯했다. 결국 내일 보자며 들어가 버렸다. 다

음날 떠나기 전, 잠시 마을 모습을 카메라에 담고 있었다. 그때 프레임 안에 그가 들어왔다. 우리는 아침인사를 하고 '여왕의 다리'를 함께 건넜다. 다시 한 번 생각했다. 생장에서 출발해 많은 다리를 건넜지만, 이곳의 다리가 가장 아름답다고.

붉은 돼지의 습격

에스테야(Estella)에 도착한 날은 마을 축제가 있는 날이었다. 순례자 몇 명이서 함께 마을광장으로 갔다. 스페인의 마을축제는 어떤 모습일까. 나는 스페인의 선남선녀들이 열정적인 춤을 추는 모습을 상상했다.

하지만 광장에 작은 간이무대가 있고 앰프를 통해 흥겨운 노래가 나오는 정도였다. 우리 동네에서 하는 '주민의 날' 행사보다 규모가 작은 아담한 동네잔치였다. 그리고 춤을 추는 건 동네 여자 어린이들과 딸바보 아빠들뿐이었다. 하지만 의외로 그 모습이 귀엽고 훈훈해서 한참을 바라봤다.

맥주를 한 잔씩 하고 숙소로 돌아가려는데, 곧 불꽃놀이를 한다는 소식이 들렸다. 우리도 마을 사람들 곁에서 불꽃을 기다렸다. 불꽃놀이는 화려하기보다 그저 아기자기하고 흥겨웠다. 작은 불꽃에도 즐거워하는 사람들의 환호와 아빠의 무등을 탄 꼬마 아이들, 허리를 감싼 연인들의 입맞춤 틈에서 우리도 덩달아 행복한 기분에 빠졌다. 옆에 있던 한 순례자가 맥주잔을 손에 꼭 쥐고 나지막하게 중얼거렸다.

"아, 이 추억을 다 어떻게 해…."

우리가 그날 마셨던 맥주는 스페인 맥주인 '에스테야담'이었다. 물론 바르셀로나 산 맥주이긴 하지만 '아름다운 별'이라는 뜻의 도시명 에스테야(Estella)와 딱 맞는 맥주였다. 앞으로 평생 이 맥주를 마시면 팡팡 터지던 작은 마을의 불꽃이 생각날 것 같았다.

그렇게 아름다운 추억을 지닌 에스테야였지만, 불행히도 그날 밤은 악몽이었다. 새벽에 자다가 나도 모르게 벌떡 일어나 앉았다. 짐승의 포효소리 같은 게 들렸기 때문이다. 나만 일어나 앉은 게 아니었다. 20명 정도가 쓰는 방이었는데, 어둠 속에서 네다섯 명 정도가 일어나 앉아있는 실루엣이 보였다.

소리의 근원은 내 대각선 침대 2층이었다. 한 한국인 남성이 코를 골고 있었다. 살면서 처음 들어보는 데시벨의 코골이였다. 알고 보니 그 한국 남성은 악명 높은 코골이로 이미 순례객들 사이에서 유명했다. 좀 체중이 나가는 타입이었는데, 늘 붉은색 등산복을 입고 다녀서 별명이 '붉은 돼지(미야자키 하야오의 애니메이션 「붉은 돼지 Crimson Pig」에서 따온 별명)'였다. 우리는 그를 깨워보기도 했지만, 그는 일어나지 않았다. 결국 뜬 눈으로 밤을 샜다.

가장 안됐던 건 그 아래층 침대의 나이든 여성 순례자였다. 그녀는 밤새 한숨을 쉬더니 동이 트자마자 가방을 챙겨서 뒤도 돌아보지 않고 방을 나섰다. 그 정도 코골이였으면 아마 진동으로 아래층 침대까지 떨렸을 것이다.

사실 순례길 중반을 넘어서면서부터는 그 한국 남성과 잘 알고 지냈다. 이야기를 나눠보니 착하고 유쾌한 20대 후반의 친구였다. 가톨릭신자인 아버지의 권유로 걷기 시작했다는데, 사실 걷기 힘들어 보이는 체격 때문에 다들 그를 걱정했다. 실제로 초반에 다리부상도 있었다. 그럼에도 꾸준히 걷는 성실한 모습과 특유의 인정 많은 성격 때문에 순례길의 모두가 그

에스테야 마을에서 에스테야담 맥주 마시기.
하지만 이곳에서 나는 맥주는 아니었다.

를 좋아했다. 하지만 그것은 꽤 나중의 이야기고, 에스테야에서의 그는 단지 '코고는 남자'였을 뿐이다.

산티아고 순례길은 기본적으로 알베르게라고 불리는 순례자숙소에서의 공동생활을 전제로 한다. 이 중 공립 알베르게를 뜻하는 무니시팔(municipal)은 저렴한 가격의 숙박비를 지불하거나, 혹은 기부 형식으로 운영되기도 한다. 대신 한 공간에 자는 인원이 많다. 한 방에 기본 6~8명에서 시작하거나 많게는 40여 명, 심지어 100여 명이 넘는 공간도 있었다. 물론 사설 알베르게에서 좀 더 적은 인원이 쾌적하게 묵을 수도 있다.

배낭여행을 많이 해본 편이라 이렇게 남녀가 섞인 도미토리(다인실) 문화에 익숙해있는 편이다. 하지만 이런 상황을 처음 겪어보는 순례자들에겐 문화쇼크가 되기도 한다. 한국에서 온 한 20대 여성 순례자는 샤워부스에 들어가기 전에 옷을 거의 벗고 들어가는 스페인 순례자 때문에 깜짝 놀라서 하소연한 적도 있었다. 우리는 샤워부스 안에 들어가서 옷을 벗지만, 스페인이나 이탈리아인들은 남녀 할 것 없이 이미 밖에서부터 최소한의 옷이나 수건만 걸치고 있는 경우가 종종 있었다.

이렇게 공동생활이다 보니 어쩔 수 없이 불편은 감수해야 했지만, 순례길의 알베르게는 대부분 좋은 기억이 가득한 공간이었다. 하루 종일 걸은 후 도착한 이곳에선 꿈도 꾸지 않고 깊은 잠을 잘 수 있었고, 또 낮 동안 길 위에서 스쳤던 사람들을 만나는 곳이기도 했다. 많은 사람들이 한 공간에서 복작거리며 생활했지만, 다들 필요한 예의를 지키는 것도 좋았다. 서로가 당연하다는 듯 상대를 배려하는 것이 이 길의 좋은 점이다. 단, 어쩔 수 없는 경우가 있기도 했다. 그 남자의 코골이처럼.

칫솔을 물고 세면실로 가는데 다니엘과 마주쳤다. 그는 내가 신고 있는 신발을 보더니 싱긋 웃었다. 테바 샌들이었는데, 이스라엘에 같은 이름의 회사가 있다고 했다. 그는 이스라엘에 돌아가야 해서 곧 순례를 마칠 예정이라고 했다.

"나머지는 다음에 와서 걸으면 되니까."

유럽이나 그 근처 나라에서 온 순례자들은 걷는 만큼 걷다가 다음에 다시 와서 걷는 경우가 많았다. 하지만 한국이나 미국 순례자들은 보통 산티아고까지 완주가 기본이다. 한번은 이런 차이를 두고 한 순례자가 "경험을 더 소중히 생각하느냐, 성취에 더 중점을 두느냐에 따른 나라별 가치관 차이 아니겠냐."고 말한 적이 있었다.

글쎄…. 내 생각은 좀 다르다고 말해줬다. 물론 그런 가치관도 영향을 미쳤겠지만, 가장 영향을 미치는 것은 자기 나라에서 스페인까지 오는 항공료 아닐까. 항공료만 저렴하면 나도 휴가 때마다 와서 걷다 가고 싶지만, 현실은 그렇지 않으니 말이다.

어쨌든 다니엘은 에스테야에서 하루 더 쉬면서 생각을 정리하고, 이틀을 더 걸어 로그로뇨로 간 후, 순례를 마무리 지을 거라고 했다. 이제 겨우 얼굴을 익혔는데 벌써 이별이구나 싶어서 서운했다. 그때 다니엘이 내게 물었다.

"너도 에스테야에서 하루 더 묵지 않을래? 이 동네 멋지지 않아?"

잠시 고민했다. 이 친구가 나를 꼬시는 건가, 아니면 정말 순수하게 하루 더 함께 시간을 보내자는 건가. 하지만 나는 로그로뇨에서 하루 쉴 생각이었다. 쉬고 싶어서 쉬는 게 아니라 마무리 못한 작업을 그때 마무리해서 보내야 했기 때문이다. 잠시 고민했지만 눈앞의 잘 생긴 남자보다, 그래도 돈 주는 밥벌이가 먼저였다. (나중의 일이지만, 그 일은 결국 중간에 취소돼서 돈도 못 받았다.)

"아냐, 난 로그로뇨에서 하루 쉬어야 해."

그는 어쩔 수 없다는 듯이 고개를 끄덕였다. 우리는 잠시 아무 말 없이 있다가 서로의 앞길에 덕담을 해주고 각자의 방으로 헤어졌다. 그때는 다니엘과는 여기까지가 끝일 거라고 생각했다.

08

“사랑이 뭐라고 생각하니?”

가을의 산티아고는 풍요롭다. 밀밭은 이미 추수가 끝나있지만 에스테야를 지나면서부터는 곳곳에 포도가 탐스럽게 달린 포도밭이 몇 km씩 이어져 있었다. 길에는 무화과, 올리브, 호두, 사과, 배가 달려있기도 했고, 꽤 나중의 일이지만 갈리시아 지방으로 들어서면 밤이 지천이었다. 이른 아침 포도밭에서 일하고 있는 사람들이 보여서 포도를 한 송이 얻어먹었다. 포도는 껍질이 두껍고 알이 작았지만 향이 오래 남았다.

산티아고 순례길은 사실 와인로드(wine road)이기도 하다. 스페인 와인은 고대 로마의 길을 따라 로마에 납품을 하기도 했을 정도로 오랜 역사를 지니고 있다. 에스테야에서 하루만 더 걸으면 스페인 유명 와인 산지인 리오하주에 들어선다. 리오하는 전세계 와인 생산량의 13%를 차지하는 스페인 최대의 와인 생산지이다.

산티아고 순례길을 즐겁게 만들어주는 것이 이 스페인 와인이다. 값싸고 질 좋은 와인을 늘 쉽게 구할 수 있다. 심지어 아무 가게나 들어가 라벨이 붙어있지 않는 동네표 와인을 사도 맛있었다. 그리고 와인 인심도 좋다. 순례자메뉴를 시키면 테이블마다 와인이 한 병씩 나오곤 했다. 순례자들도 거의 매일 저녁 와인을 사서 나누어 마셨다.

와인 인심의 최고봉은 이라체 마을에 있었다. 마을에는 보데가스 이라체(Bodegas Irache) 와이너리가 있다. 이곳이 그 유명한 '기적의 와인샘'이다. 과거 수도원에서는 이렇게 순례자들을 위해 빵과 와인을 나누어 주었다고 했다. 와인이 끊이지 않는 마법의 샘이라니…. 생각만 해도 흐뭇한 미소가 절로 나온다.

포도밭에서 일하는 사람들. 부탁하면 탐스런 포도를 얻을 수 있다.

이라체 마을의
마르지 않는 와인의 샘.

기대를 품고 와이너리에 도착하니 이미 익숙한 얼굴들이 대기하고 있었다. 수도꼭지를 한번 틀면 한 모금 정도의 와인이 나왔다. 와인탱크에 튜브를 연결해 바깥에 수도꼭지를 단 구조다. 와인으로 입술을 축이고 잘 익은 포도밭을 보니, 내 포도밭도 아닌데 괜히 뿌듯하다. 마음 같아선 오늘 같은 날은 걷기보다 포도밭에서 와인병을 끼고 가을하늘이나 올려다보고 싶다.

로스 아르코스(Los Arcos)에 도착한 날은 추석이었다. 한국에서 서쪽으로 7시간 거리, 달은 유난히 크게 떠 있었다. 다음날 아침, 길 위에는 어젯밤에 본 달이 아직 떠 있었다. 어찌나 큰지 마치 달을 향해 걸어가는 듯한 기분이 들 정도였다. 그리고 달이 아직 사라지지도 않았는데, 등 뒤로는 해가 뜨고 있었다. 기묘한 광경이었다.

저 달이 지는 방향에 산티아고 데 콤포스텔라가 있다. 문득 내가 가는 방향이 서쪽이어서 다행이라는 생각을 했다. 산티아고로 가는 길이 동쪽이었다면 저 태양을 마주보며 걸었을 거고, 길이 끝날 때쯤이면 얼굴엔 자외선으로 인한 기미가 가득했을 것이다. 하지만 다행히도 나는 달이 지는 곳으로 걷고 있다. 이 당연한 사실을 깨닫는 것만으로도 내 마음은 즐거움으로 넘쳐흘렀다. 남자를 찾는다며 무작정 떠난 길, 앞으로 뭘 찾게 될지 모르지

만, 일단 서쪽으로 가고 있었다. 이 풍요로운 가을을 가로질러.

'지저스'의 재림

로그로뇨에 도착한 다음날, 한국인 순례자들과의 단톡방이 울렸다.

'언니, 어디예요? 로그로뇨 도착했어요? 공립 알베르게에 안 묵으셨죠?'

한 동생의 질문에 나는 느긋하게 답했다.

'로그로뇨에 왔어. 중간에 다니엘을 만나서.'

'만났어요? 지금 둘이 같이 있어요?'

'응. 같은 방, 같은 침대야.'

순간 단톡방에 소요가 일었다. 잠시 킬킬 웃으며 그들의 반응을 보다가 오해가 길어지면 안 될 거 같아서 수습했다.

'같은 침대이긴 한데, 그가 아래 침대, 내가 위 침대. 여기 사설 알베르게 4인실이야.'

김샜다는 반응이 나왔다. 미안하긴 했지만 이게 현실이다. 결론부터 이야기하자면, 그와의 거리는 4인실 이상 좁혀질 수 없었다.

사흘 전 에스테야에서 헤어졌던 다니엘이었다. 하지만 헤어진 다음날, 로스 아르코스 공립 알베르게에 도착했을 때였다. 종달새처럼 한국 동생이 내 방으로 뛰어 들어왔다.

"언니! 언니! 다니엘 왔어요."

"어제 작별인사도 했는데?"

"지금 리셉션에 있어요."

영문은 모르겠지만 다니엘이 왔다. 지금 이 숙소에 남은 방은 40인이 묵는 이 공간밖에 없으니, 그는 이 방으로 들어올 것이다. 일단 너무 반가워하는 내색을 하지 않기 위해 표정을 가다듬었다. 그리고 2층 침대에 반쯤 기대 앉아 카메라를 보는 척을 하고 있는데, 누군가 내 발을 건드린다. 다니엘이다. 나는 아무렇지도 않는 듯 물었다.

"어떻게 된 일이야? 에스테야에 하루 더 묵는다더니?"

"별로 할 게 없는 동네여서. 차라리 로그로뇨가 대도시니까 거기서 하루 더 묵을래."

그렇게 헤어진 지 하루 만에 싱겁게 다시 만났다. 그리고 난 방금 전까지 산소가 부족할 정도로 답답했던 40인실이 순식간에 맑고 향기롭게 변하는 기적을 보았다. 지저스의 재림이었다.

사랑이 뭐라고 생각하니?

로그로뇨로 향하는 날, 이날은 총 28km를 걷는 긴 코스였다. 길이 지겨워지고 있는데, 저쪽 벤치에서 앉아있던 누군가 손짓을 했다. 다니엘이었다.

가까이 가보니 그는 스마트폰으로 문자메시지를 보내고 있었다. 나는 그 옆에서 사과를 먹으며 잠시 쉬고, 그는 문자를 마저 보냈다. 안보는 척하면서 흘깃 보니 문자를 보내는 손길에 짜증과 답답함이 묻어있었다. 순간, '여자 친구겠구나.'라는 생각이 들었다. 딱 부러지게 설명은 못하겠지만, 살면서 저절로 발휘되는 능력 중 하나다. 아마 여자 친구가 말을 쏟아내고, 그가 방어하고 있는 상황일 것이다.

어느 정도 정리가 되었는지 그가 스마트폰을 껐다. 그냥 모르는 척하며 함께 길을 걸었다. 함께 걷는 길은 여전히 즐거웠다. 그는 내게 무화과를 따주고, 스페인어 숫자를 가르쳐주고, 갑자기 한국어 노래를 부르겠다며 엉터리 한국어 노래를 부르기도 했다. 그러던 중 그는 갑자기 뜬금없는 질문을 던졌다.

"사랑이 뭐라고 생각하니?"

대체 이 질문은 어떤 경로로 나온 걸까. 방금 나누었던 대화들을 복기해 봤지만 맥락이 안 잡힌다. 여자 친구가 있다는 걸 깨닫기 전이라면, 내게 작업을 거는 멘트라고 오해했을지도 모를 일이다. 하지만 난 이제 막 육감을 사용해 그에게 여자 친구가 있음을 간파한 상황이다. 어쩌면 내 의견을 듣는 것보다 그가 하고 싶은 말이 있는 듯해서 먼저 그의 의견을 구해봤다.

"글쎄…. 너는 뭐라고 생각해?"

"어떤 것도 기대하지 않고 감정을 주는 거지. 되돌려 받지 못하더라도 주

리오하의 밭. 리오하 와인의 주요 품종인 뗌쁘라니요와 가르나차가 자라는 흙은 붉은색을 띤다.

는 것이 사랑이라고 생각해."

그리고 그는 천천히 생각하며 덧붙였다.

"하지만 보통의 사람들은 사랑에 대한 확신이 부족하기에, 그래서 인간에겐 '서약' 같은 것이 필요한 걸 거야."

서약이라…. 사랑에 대한 서약은 하나다. '결혼.' 나는 결국 궁금함을 못 참고 물어봤다.

"왜? 여자 친구가 결혼하자고 해? 아까 문자 보내던 거 여자 친구였지?"

그는 대답 대신 복잡한 표정을 지었다. 세상에, 결혼의 고민을 하고 있는 지저스라니. 그동안 그가 내게 많은 말을 했던 건 내게 관심이 있어서가 아니라, 가진 고민이 많아서였나보다. 그늘이 진 잘생긴 얼굴을 보며 나는 며칠간 멋대로 설레었던 내 마음을 주섬주섬 정리했다. 그리고 고민을 잘 들어주는 의리 있고 실속 없는 '여자사람친구'가 되어 그의 이야기를 마저 들어줬다.

다니엘의 고민은 이 지점이었다. 그는 결혼이 불합리한 제도라고 생각한다. 결혼은 그동안 인간의 역사에서 지나치게 미화되었고, 그 이유는 결혼을 하고 아이를 낳는 전통적인 삶의 방식이 노동력이 필요했던 농경사회에서 필수였기 때문이란다.

문제는 결혼에 대해 시니컬한 그와 달리 여자 친구는 결혼에 대해 매우 전통적인 가치관을 지니고 있다. 그녀를 잃고 싶지 않기에 결혼을 해야 하는 상황이지만, '사랑을 증명하기 위해' 결혼을 한다는 상황 자체가 그는 진정한 사랑에 대한 모독이라고 생각한다.

"너는 어떻게 생각해? 대체 결혼은 왜 필요한 거지?"

그는 물어볼 상대를 잘못 골랐다. 차라리 '고대의 외계문명'에 대한 내 의견을 물어보는 게 나을 텐데. 보통 기혼자라면 이쯤에서 '인생의 깊이를 알기 위해서는 결혼을 해봐야 한다.' 혹은 '해도 후회하고 안 해도 후회할 거면 해보고 후회하라.' 정도의 조언을 할 텐데, 불행히도 나는 그런 조언은 해줄 처지가 아니었다.

사실 결혼에 대한 관심도 자체가 좀 낮은 편이다. 각자가 느끼는 결혼에 대한 인식이 '아주 중요함', '중요함', '보통임', '안 중요함', '절대 안 중요함' 정도라면, 내 위치는 '보통임'과 '안 중요함'의 사이인, '그게 뭐 그렇게 중요한가.' 정도의 레벨이다.

물질적 풍요가 행복을 구성하는 수많은 요소 중 하나긴 하지만, 그것이 행복의 전부가 아니다. 마찬가지로 결혼 또한 삶을 구성하는 수많은 요소 중 하나긴 하지만, 그것이 삶의 전부는 아니라고 생각한다. 그러다보니 결혼은 내 인생의 to do 리스트나 wish 리스트에서 늘 하위권에 위치해 있다.

그렇다고 결혼 자체를 무시하는 건 아니다. 사실 결혼이라는 제도에 속하기 위해선, 여자든 남자든 포기해야 하는 것이 많다. 그럼에도 불구하고, 그 어려운 것을 평생 해내겠다는 결심을 하는 거다. 그것도 언제 자취를 감출지 모르는 '사랑의 힘'으로. 물론 완수해내는 것과는 다른 문제이긴 하지만, 어쨌든 그 결심 자체는 노력상이라도 받아 마땅하다.

때문에 '사랑의 증명'이라는 말을 하며 지금껏 소중히 지켜온 순결이라도 잃은 표정을 짓는 다니엘이 이해가 안 가기도 했다. 증명을 하면서까지 지키고 싶은 사랑이 있다는 게 더 중요한 거 아닌가? 하지만 지금의 다니엘에게 필요한 말은 아닐 것이다.

고민 끝에 지난 여행에서 만난 한 한국계 독일인을 떠올렸다. 아직 20대였던 그녀는 지난해 결혼을 했다고 한다. 보통 유럽권에선 결혼보다 동거를 선호하는 경우가 많았기에, 그녀에게 결혼한 이유를 물어봤다. 그녀의 대답은 간단했다.

"독일은 결혼하는 편이 세제혜택이 많거든. 둘이 싱글로 빠져나가는 돈을 계산해보니까 어마어마하더라고. 그 돈이 아까워서 결혼했어."

어차피 독일사회에서는 결혼이든 동거든 큰 상관이 없지만, 결혼을 하는 편이 삶에 더 도움이 된다고 판단해서 결혼을 했다는 거다. 나는 그녀 이야기를 전하면서 이렇게 덧붙였다.

"차라리 두 사람의 장래에 확실히 플러스되는 요인이 있는지 제도적 장점을 찾아보는 건 어때? 장점이 있으면 하고 없으면 말고. 결심이 쉬워지지 않겠어?"

이게 내가 해줄 수 있는 최선의 조언이었다. 로그로뇨에 도착한 다음날 오후, 그는 버스를 타러 떠났다. 헤어질 때, 그는 현관에 세워둔 자신의 나무지팡이를 가리켰다.

"저거 정말 좋은 나무인데, 네가 가질래?"

순간 갈등했다. 지저스가 주는 거라면 뭐든 받아야겠지만, 내겐 이미 가볍고 튼튼하고 심지어 길이까지 조절할 수 있는 등산스틱이 두 개나 있다. 그러자 그는 누구든 필요한 사람이 썼으면 좋겠다며 숙소에 그 나무지팡이를 두고 갔다. 나도 그의 나무막대기가 좋은 주인을 찾길 바랐지만, 나중에 숙소주인이 가져다 버리는 걸 막진 못했다.

그가 떠난 지 한 달 후, 나는 그의 페이스북에서 웨딩사진을 봤다. 이렇게 빨리 결혼할 줄이야…. 아마 당시 결혼을 앞두고 마음을 정리하기 위해 산티아고 순례길에 온 듯했다. 그가 스스로 납득할 만한 이유를 찾고 결혼했을지 궁금했지만, 따로 메시지를 보내서 물어보진 않았다. 그의 결혼이 그

로스 아르코스 가는 길에 만난 연주자.
순례자들을 위한 아코디언을 연주하고 있었다.

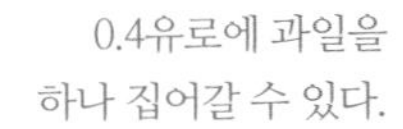

0.4유로에 과일을
하나 집어갈 수 있다.

다니엘의 히브리어책. 히브리 문자를 처음
봤기에 무척 신기하게 느껴졌다.

의 표현대로 '서로를 신뢰하지 못하는 미약한 인간의 서약'이 아니라, '두 사람의 더 나은 미래를 위한 합리적인 선택'이었길 바랄 뿐이다.

로그로뇨에서부터 나는 혼자가 되었다. 며칠 붙어 다녔던 다니엘은 이스라엘로 돌아갔고, 다른 한국인 순례자들도 뿔뿔이 흩어졌다. 하지만 곧 새로운 여행 동료가 생겼다.

산티아고 순례길의 고질적인 동반자, 물집이었다.

09

“바늘과 실을 든 기사들”

사실 순례길을 걸으면서도 비효율적이라는 생각은 했다. 지금 시대에, 걸어서 800km를 간다는 행위는 어쩌면 인류의 발전을 부정하는 것이 아닐까. 그것도 한국에서 파리까지는 비행기로, 파리에서 생장피드포르까지는 고속열차로 와놓고는, 이제 와서 새삼 걷기 시작한다는 건 조금 낯간지럽기도 하다.

그 비효율성을 확실히 느낀 계기가 있다. 팜플로나에서 만난 한국 순례자 동생이 몇 구간을 버스로 건너뛰겠다고 했다. 귀국 비행기 일정을 맞추기 위해서다. 물어보면 안 되지만 결국 물어봤다.

"거기까진 얼마나 걸린대?"

"50분요."

로그로뇨에서 산토 도밍고 데 칼사다(Santo Domingo de Calzada)까지는 52km다. 걸어서 이틀이 걸린다. 그런데 버스를 타고 가면 단 50분이라는 거다. 어쩐지 속이 쓰려온다. 이왕 판도라의 상자를 연 김에 하나 더 물어봤다.

"버스비는 얼마야?"

"2유로요."

아아, 버스비라도 비싸길 바랐는데…. 이틀간 내가 길에서 쓰는 돈은 숙박비와 식사비를 포함해 대략 40~50유로 정도다. 이쯤 되면 내가 대체 왜 걷고 있는 건가 회의감이 든다. 무엇보다 발이 점점 아프기 시작했다. 물집이 점점 심해지고 있었다.

처음 물집이 생긴 것은 에스테야에서였다. 시작은 발 앞꿈치의 작은 물집이었다. 인터넷에서 배운 대로 실과 바늘을 소독한 후 물집 안에 넣어서 터트렸다. 하지만 뭘 잘못했는지 이 물집이 덧나기 시작했다. 설상가상으로 주변에 2호, 3호 물집이 생기면서 전체 물집의 면적이 넓어졌다. 뒤이어 둘째발가락 옆, 새끼발가락 옆 등 다른 부위에도 물집이 생기기 시작했다. 양발을 합쳐 총 6호까지의 물집이 생겼다.

사실 지금까지의 인생에서 발에 물집이 생길 정도로 걸어본 적이 없었다. 그래서 물집이 생기면 움직이지 못하고 무조건 쉬어야 하는 거라고 생각했다. 하지만 막상 겪어보니 사람은 발에 물집이 있어도 걸을 수는 있었다. 문제는 걸을 수는 있는데 멈출 수가 없었다. 일단 걷기 시작했다가 잠시라도 멈추면 발의 통증이 더 심해졌다.

결국 나는 쉬지 않고 걸을 수밖에 없었다. 멈추지 못하고 걸으면서 어렸을 때 읽은 안데르센의 동화 『빨간 구두』 생각을 했다. 쉬지 못하고 걷는 모습이 춤이 멈추지 않는 빨간 구두를 신은 카렌 같다고. 가여운 카렌의 이야기는 나무꾼이 도끼로 그녀의 발을 잘라내면서 끝난다. 그 시절, 허락받지 못한 욕망은 잔인한 교훈으로 끝나야 했다.

하지만 지금은 21세기, 내가 좀 욕망한다고 누구도 내 발을 자르진 못할 것이다. 타인에게 위해를 끼치지 않는 한, 이제 누구도 내 욕망에 허락을 내릴 권리는 없다. 그렇게 생각하자 발은 아팠지만 마음은 편해졌다. 걸어서 800km를 간다는 건 확실히 비효율적이다. 하지만 그럼 어떤가. 내가 원해서 가겠다는데.

바늘과 실을 든 기사들

산토 도밍고 데 칼사다에 도착하자 대부분의 순례자들은 알베르게로 스며들었다. 하지만 나는 그라뇽(Granon)이라는 마을까지 6km를 더 걷기로 했다. 혼자 걷는 6km는 더 힘들었다. 고속도로 옆을 계속 걷다 보니 저 멀리 언덕에 작은 마을이 보였다. 나중에는 발이 너무 아파 눈물이 다 날 지경이었다.

인어공주에게 처음 다리가 생겨 육지를 디뎠을 때 이런 심정이었을까. 동화책에서는 유리조각 위를 걷는 느낌이라 했는데, 내가 지금 그 기분이다. 인어공주는 육지에 찜해둔 남자라도 있었지. 난 대체 왜 이러고 있는 걸까.

기진맥진해서 그라뇽에 도착했다. 이곳에선 그라뇽 산 후안 교회에서 기부금으로 운영하는 알베르게가 있다. 좁은 돌계단을 따라 성당과 붙어있는 건물을 오르니 바닥에 매트리스가 가득한 공간이 나온다. 이곳이 오늘의 숙소다. 발의 통증을 최소화하기 위해 발뒤꿈치를 사용해 쫑쫑쫑 걸어 들어갔다. 그리고 적당한 매트리스를 하나 잡자마자 바로 쓰러졌다. 옆에 있던 사람이 말을 걸었다.

내 물집을 치료 중인 주옹.
외과의사와 같은 집중력으로
물집을 집도했다.

“발이 많이 아프니? 발목을 삔 거야?”

나는 간신히 새로 외운 영어단어를 내뱉었다.

“물집(blister)이야.”

물집이라는 말을 듣자마자 한 할아버지가 약통을 들고 등장했다. 포르투갈에서 온 주옹이었다. 그의 약통을 보고 옆 사람에게 물었다.

“이분은 의사야?”

“아니, 카미노를 열 번째 다니고 있는 사람일 뿐이지.”

그의 약통에서 뭔가 대단한 게 나올까 했는데, 나도 가지고 있는 바늘과 실이었다. 하지만 그는 외과의사의 포스로 실과 바늘을 들고 신중하게 내 물집들을 하나하나 집도했다. 마치 중세의 기사가 바늘과 실을 들고 물집이라는 용을 무찌르는 것 같은 포스였다.

발을 치료하고 계단을 올라 샤워실이 있는 메인홀로 갔다. 그곳에는 보기만 해도 따뜻한 벽난로가 놓여있고, 여러 명이 앉을 수 있는 큰 테이블, 그리고 와인에 과일과 탄산수를 섞은 샹그리아가 순례자를 위해 놓여있었다.

그라뇽의 순례자숙소는 생각보다 멋진 곳이었다. 무엇보다 700여 년 동안 순례자들을 맞이한 전통이 이 장소를 특별하게 만들어 주고 있었다. 식사시간이 되면 함께 식사를 준비하고, 뒷정리도 함께 했다. 40여 명의 사람들이 너나할 것 없이 나서서 일하면서, 식사는 착착 진행되었다. 순례자들도 이 분위기가 신기한지 환한 웃음을 지었다.

저녁식사 후, 순례자만을 상대로 잠시 미사를 드리는 시간이 있었다. 순례자 미사는 산티아고 순례길에서만 체험할 수 있는 독특한 문화다. 종교가 없지만 순례자 미사는 꼬박꼬박 참가하는 편이었다. 숙소에서는 성당으로 이어지는 비밀통로를 통하면 곧장 성당의 2층으로 이어졌다. 촛불을 들고 잠시 각자 기도하는 시간을 가졌다. 마지막엔 미사를 진행하던 봉사자가 이렇게 이야기했다.

"전 세계의 수많은 폭력과 죽음을 떠올려보십시오. 지금 여러분은 얼마나 많은 행운을 누리고 있습니까. 누군가 죽어갈 때 여러분은 이곳에서 평화로운 자기성찰의 시간을 보내고 있습니다. 오늘 이곳에서 여러분이 내면의 평화를 느꼈다면 마찬가지로 바깥에서 벌어지는 폭력에도 관심을 가져주세요."

마치 중학교 수련회에서 촛불의 맹세를 하는 분위기였다. 아니나 다를까. 여기저기서 훌쩍이는 소리가 들렸다. 기도가 끝나고 서로 포옹하는 시간을 가졌다. 산티아고 순례길에서 눈물은 흔히 마주친다. 이 길의 사람들은 평소보다 많이 움직이고, 평소보다 다양한 사람들을 만나고, 평소보다 자주 감정적이 되곤 했다. 흔히 도시의 삶을 '메말랐다'라고 표현한다. 산티아고 순례길은 그 반대말로 표현되어야 할 것이다. 이 길은 사람들의 눈물로 촉촉했다고.

다음날 22km를 걸어 토산토스(Tosantos)로 가는데 누군가 말을 걸었다. 스페인의 그라나다에서 왔다는 알베르토였다. 그는 내 가방에 걸려있는 노란 리본을 궁금해 했다. 그의 가방엔 파란 리본이 걸려있었다. 산티아고 북쪽길의 한 성당에서 받았다고 한다. 그는 교통사고로 동생을 잃고 벌써 네 번째 순례길이라고 했다. 나는 간단하게 한국의 노란 리본에 대해서 설명해줬다. 우리는 그 배를 잊지 않기로 결심했고 이 리본은 그 결심을 뜻한다고. 그는 좀 놀란 표정을 짓더니 이렇게 말했다.

"유감이야(I'm sorry to hear that)."

영어표현 중에 늘 적응이 안됐던 게 이 'I'm sorry.'였다. 물론, 영어단어 sorry에는 사죄의 의미뿐 아니라 유감의 의미도 있다는 걸 배우긴 했다. 하지만 일단 'I'm sorry.'라는 말을 들으면 '대체 이 사람이 왜 내게 미안해하는 거지?' 하는 생각부터 들었다. 물론 지금은 알베르토의 'I'm sorry.'가 위로의 의미라는 것을 안다. 그리고 위로에는 위로로 답을 해야 하는 것도.

"나도 네 동생의 일을 유감이라고 생각해."

토산토스에는 프란치스코 수도회에서 운영하는 알베르게가 있다. 오래된 3층짜리 나무 건물이다. 그라농의 알베르게와 마찬가지로 기부제로 운영되고, 바닥에 매트리스를 깔고 잠을 잔다. 함께 준비한 저녁식사는 샐러드와 렌틸콩으로 만든 스프, 그리고 사과를 졸여 만든 디저트였다.

토산토스의 기도실은 오래된 나무기둥과 서까래가 있는 아늑한 다락방이다. 길에서 꺾어온 갈대로 장식이 되어 있고, 중앙의 작은 제단에는 나무 십자가와 성경이 놓여있었다. 프란치스코 성인에 대한 다소 긴 설명을 끝

낸 호스피탈레로 호세는 내가 태어나서 처음 들어보는 노래를 불렀다. 공간을 편안하게 만들어주는 성량이 풍부한 목소리였다.

"Confitemini domino, quoniam bonus, Confitemini domino, Alleluia(주께 감사하라, 그는 선하시도다. 주께 감사하라, 할렐루야)."

기도시간의 마지막이 되자 그는 각 나라별로 종이를 나누어 줬다. 먼저 온 순례자가 기도문을 남기고 가면, 뒤에 도착한 같은 국적의 순례자가 그를 위해 기도해주는 거라고 했다. 미국, 이탈리아, 프랑스…. 각 나라별로 기도문을 읽어나갔다.

내가 읽은 기도문은 한 한국인 가톨릭 신자의 기도문이었다. 기도의 마지막은 '이 길을 통해 완전한 기쁨, 완전한 생명, 완전한 기도가 이루어지게 하소서.'였다. 그가 편안한 마음으로 순례를 마치길 바라며 읽었다. 신을 믿는 사람이라면 이 길이 더욱 의미가 있을 것이다.

이번엔 스페인어로 쓰인 기도문을 읽을 차례였다. 알베르토가 읽기 시작했다. 그런데 읽고 있던 그의 목소리가 점점 떨리기 시작했다. 그러자 방 안에 스페인어를 할 줄 아는 모두가 동시에 눈물을 흘리기 시작했다. 미국에서 온 릴리가 스페인어를 할 줄 알기에 무슨 영문이냐는 표정으로 그녀를 쳐다봤다. 그녀 역시 눈이 빨개져서 대답했다.

"교통사고로 아들을 잃은 아버지의 기도문이야."

더는 설명이 필요 없었다. 스페인어를 이해하지 못해도 지금 이 방안에 흐르고 있는 미세한 에너지의 진동은 느낄 수 있었다. 지금 이 순간, 각기 다른 나라, 다른 배경의 사람들이 모두 같은 감정을 느끼고 있는 것이다. 사랑하는 사람을 잃은 마음 앞에서 국적이나 종교와 같은 차이는 의미가 없었다. 각자 사랑하는 사람을 품은 존재로서, 자신이 품은 사랑만큼 함께 아파할 뿐이었다. 알베르토의 기도문 낭독이 끝나고도 방안엔 간간히 훌쩍이는 소리만 들릴 뿐, 침묵이 이어졌다.

미사가 끝나고 계단을 내려오다 겉옷을 자리에 두고 왔던 게 기억나서 다시 다락방으로 올라갔다. 그곳에는 여전히 알베르토가 앉아있었다. 많이 운 얼굴이었다. 눈이 마주치자 그는 겸연쩍은 표정이었다. 방해하고 싶지 않았는데…. 나는 짧게 "I'm sorry."라고 말하고 다시 방을 빠져나갔다. '방해해서 미안해.'라는 의미였지만, 내 위로의 마음도 함께 전해졌길 바라며.

토산토스의 알베르게. 오래된 나무기둥이 있는
삼층 건물의 다락방에서 매트리스를 깔고 자게 된다.

10
“삶은 누구에게도 같을 수 없어”

토산토스에서의 밤, 발의 통증이 심해졌다. 호스피탈레로 호세에게 찾아가자 그는 미지근한 소금물에 내 발을 30분 정도 담그고 있도록 했다. 모두가 자러가고 늦은 시간이었다. 하지만 그는 수건을 가져와 내 발을 닦아주고, 정성껏 소독을 해주었다.

이제 끝났나 싶었는데 그는 어디에선가 스티로폼을 하나 가져왔다. 그 스티로폼을 내 발만큼 재단해 자른 후 가장 물집이 심한 발 앞꿈치 부분을 도려냈다. 그리고는 완성된 깔창을 반창고를 이용해 내 발에 딱 붙여줬다. 아픈 부분에 체중이 덜 실릴 수 있게 하기 위해서였다.

다음날 길을 떠나기 전, 나는 호세의 앞에서 멀쩡해졌다는 의미로 힘차게 제자리걸음을 걸어보였다. 그는 잠시 웃은 뒤 내 머리에 손을 얹고 축성을 해주었다. 스페인어를 모르지만 "좋은 순례자"라는 단어만 알아들었다. 어떤 순례자가 좋은 순례자인지는 모르겠으나, 내 발을 구원해 준 그를 위해서라도 꼭 그리 되어야겠다고 마음먹었다.

언덕을 올라가자 방금 떠나온 마을의 바위산이 한눈에 보인다. 저 바위산에는 12세기에 지어진 성모마리아의 동굴성당이 있다. 보통은 잠겨있고 열쇠가 있어야만 들어갈 수 있다. 매일 오후 5시 순례자들을 위한 성당 투어 프로그램이 있다.

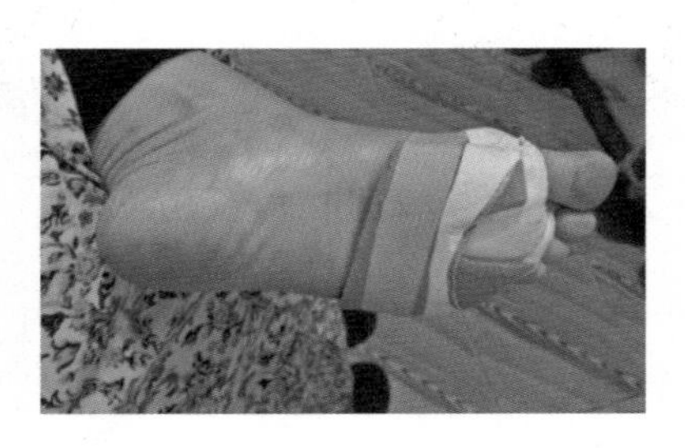

성당 내부에는 1년에 한 번 축제에만 외출을 한다는 성모마리아가 있고, 성당 벽에는 꽃과 구름이 아름답게 채색되어 있었다. 그 아득한 시간과 열정 앞에서

토산토스의 성모마리아 동굴성당

가슴이 뛰었다. 2014년, 실크로드를 여행하며 보았던 동양의 석굴사원들이 생각났다. 동쪽의 사람들이 석굴을 파고 불상을 만들 때, 서쪽의 사람들은 교회를 파고 기도를 올렸다. 진리를 위한 열정은 동서를 가로질러 변하지 않았다. 어쩌면 사람들의 마음도 그럴지 모른다.

토산토스를 떠나 걷는데 아이린이 날 불렀다. 그녀는 남아공에서 온 60대 순례자다. 교직을 은퇴하고 앞으로 어떤 삶을 살아야 할지 생각할 시간을 가지기 위해 이곳으로 왔다고 한다. 이틀 후에 우리는 부르고스에 도착한다. 부르고스에서 그녀는 버스를 타고 산티아고를 100km 남겨둔 사리아까지 가서 마저 걸을 거라고 했다.

"이제 다시 못 만날 수도 있으니까."

그녀는 남아공 순례자사무소에서 받았다는 산티아고 배지를 내 가방에 달아주고 내게 깊은 포옹을 했다.

"여행 중에 특별한 사람을 만나면 줘야지 생각을 하고 있었어. 너는 네가 정말 특별한 사람(special girl)이라는 걸 알고 있니?"

이건 또 무슨 소리인가. 난 그녀를 몇 번 웃겨준 게 다였는데 이런 과분한 소리를 듣다니.

"내가 좀 특별하게 웃긴 사람(specially funny girl)이긴 하지."

"아니야, 넌 정말 특별해. 난 알 수 있어."

양심이 어서 빨리 털어놓으라고 날 들들 볶기 시작했다. 결국 그녀에게 이실직고했다. 길을 떠나 처음 해보는 고백이었다.

"아이린, 난 절대 특별한 사람이 아냐. 사실 이 길도 그냥 남자나 찾으러 걷는 거야. 여기 괜찮은 남자가 많대서…."

나는 그녀에게 전 남자 친구와 어떻게 헤어졌는지, 지난 1년 동안 연애는 왜 못했는지, 어쩌다 더 나이 들기 전에 연애나 열심히 해야겠다는 생각을 하게 되었는지를 장황하게 털어놓았다. 그리고 이 길에 괜찮은 남자가 많

무리가 가는 데로 가기 전에 내가 가는 방향이 어디인지
한번쯤은 생각해봐야 하지 않을까.
이 길이 아닐 수도 있으니까.

다는 이야기를 듣고 왔는데, 막상 와보니 그렇지 않아서 당황하고 있다는 이야기까지. 그녀는 내 이야기를 듣고 어깨까지 들썩이며 웃었다.

"것 봐. 그러니까 네가 특별한 거야. 넌 네가 원하는 게 뭔지 알고 그걸 향해 나아가잖아."

길을 걸으면서 그녀의 이야기를 조금 더 들을 수 있었다. 그녀는 지금 대학생인 딸이 하나 있지만 평생 결혼을 해본 적은 없다고 했다.

“사실 내 인생에 라이트맨(right man)은 없었어. 하지만 그렇다고 혼자 딸을 키우면서 내 인생이 불행하지는 않았어. 모든 것은 내 선택이었으니까.”

The right man. 보통 ‘운명의 그 남자’, ‘결혼할 남자’ 정도의 의미로 쓰인다. 결혼도 안 했고, 데이트 상대도 없다는 말을 하면 “오오, 언젠가는 라이트맨을 만날 거야.”라고 말하며 호들갑을 떠는 사람들이 있다. 그럴 때면 ‘라이트맨을 못 만난 내게 무슨 문제가 있는가.’라는 생각이 들며 스스로를 되돌아보게 된다.

하지만 아이린은 자신의 인생에 ‘라이트맨’은 없었고, ‘한 번도 결혼하지 않았다.’고 말한다. 별일 아니라는 듯이. 마치 평생 한 번도 오트밀을 먹어보지 않았지만 그 맛이 궁금하지 않다는 투다. 그런 아이린을 보며 호주에서 만났던 한 언니가 떠올랐다.

그 언니는 40대까지 국내의 한 대기업을 다니다 희망퇴직을 하고 호주로 유학 왔다. 미혼여성이 계속 회사를 다니기에는 눈치가 보여서 그만뒀다고 한다. 재미있는 것은 그 언니가 들려준 결혼 관련 질문에 대한 대처법이었다.

처음 본 사람이 결혼여부를 물으면 그녀는 그냥 “한 번 갔다 왔어요.”라고 대답한다고 했다. 그럼 보통 상대방은 물어본 것을 후회하며 입을 닫는단다. 그런 방법이 있다니. 그녀는 미혼인 것을 밝히느니 차라리 이혼했다고 말하는 게 낫다고 했다.

“우리 사회에서 결혼을 안 하면 ‘못난 여자’거나 ‘기 센 여자’가 되거든, 그러느니 차라리 ‘사연 있는 여자’가 되는 게 나아. 그럼 최소한 ‘결혼해야 한다.’는 설교는 피할 수 있으니까.”

언론에서는 연일 비혼율이 높아지고 있다고 보도하지만, 아직도 우리 사회에서는 결혼이 당연하게 인식된다. "왜 결혼 안 했어요?"라는 질문의 "왜"에는 마땅히 해야 할 것을 안 했다는 의아함이 깃들어 있다. 결혼의 유무는 사회구성원의 완생과 미생, 정상과 비정상, 우성과 열성을 가른다.

이번 산티아고 행도, 남자를 찾으러 간다고 하자 주변에서는 "네가 드디어 결혼할 마음이 들었구나."라는 반응이 나왔다. 왜 꼭 모든 남녀관계는 깔때기처럼 결혼으로 모여야 한단 말인가. 괜찮은 남자가 있다면 연애나 동거를 해도 좋지 않은가. 하지만 결혼을 안 했다는 것만으로도 이미 '히스테리가 있을 가능성이 농후한 여성'으로 분류되기에 그런 말에 꼬박꼬박 반응하지 않는 편이다.

오히려 "왜 결혼을 안 했냐?"라는 질문 앞에 나는 "어쩌다보니 못했어요, 어쩌죠?" 하고 못나게 웃어버리곤 했다. 최대한 자신을 낮추고 불쌍하게 보여야 공격당할 여지가 적기 때문이다. 이게 내가 터득한 생존법이었다. 외눈박이 세상에 양눈박이가 살든, 양눈박이 세상에 외눈박이가 살든 어쨌든 내가 사는 세상에선 다른 건 틀린 것이기에.

그렇게 '결혼을 안 한 너는 문제가 있어.'라는 손가락질 앞에 누구는 거짓말을 하고 난 못난 시늉을 하며 살아남고자 하는데, 아이린은 부드러운 미소를 띠고 당당히 말하는 거다. "평생 결혼하지 않았지만 인생은 괜찮았다."고. 그리고 우리가 헤어지기 전, 그녀는 내 어깨를 토닥이며 이렇게 말해줬다.

"다른 사람들 말은 신경 쓰지 않아도 돼. 어차피 삶은 누구에게도 같을 수 없거든."

그 다정한 목소리에 눈물이 날 것 같았다. 한국에서 늘 동네북처럼 두들겨 맞는 내 자존감이 이제야 좀 숨을 쉴 것 같았다. 지금까지는 '상처받았다.'는 말만 해도, '네가 선택한 인생에 당당하면 됐지, 왜 상처받느냐.'고 타박만 들었는데….

반은 장난으로 반은 호기심으로 떠난 산티아고 순례길. 어쩌다 이렇게 많은 사람들의 보살핌을 받게 되었을까. 어젯밤 호세가 스티로폼을 대서 만들어 준 발은 한결 걷기 편했다. 다시 한 번 생각했다. 이 길에서 만나는 인연들은 내게 너무 과분하다고.

외눈박이 세상에 양눈박이가 있든, 양눈박이 세상에 외눈박이가 있든
어쨌든 내가 사는 세상에선 '다른 것은 틀린 것'이다.

새로운 가족의 탄생

오늘의 목적지는 아따뿌에르까(Atapuerca)다. 이 마을은 80만 년 전 살았던 호모 안테세소르(Homo Antecessor)의 흔적이 발굴되어 유네스코 세계문화유산으로 등록되었다. 넓은 해바라기밭 사이로 호모 안테세소르의 얼굴이 그려진 입간판이 세워져 있었다. 우리는 수염으로 덥수룩한 얼굴이 이탈리안 순례자 미첼 같다고 놀렸다.

마을에 도착해 성당으로 올라가자 작은 방갈로 같은 순례자숙소가 있었다. 내부에는 싱크대는 있지만 조리도구는 전자레인지밖에 없는 상황이었다. 바로 옆에 붙어 있는 카페에서 순례자메뉴를 팔긴 했지만 우리는 미첼의 버너와 코펠을 이용해 저녁을 만들어 먹기로 했다. 작은 마을인지라 구할 수 있는 재료는 많지 않았다. 파스타, 참치, 토마토, 양파 정도였다.

어차피 요리는 이탈리아인들이 할 거니까 마음 놓고 정원에서 쉬고 있는데 다비드가 날 부른다. 파스타를 많이 삶아야 하는데, 그러기엔 미첼의 코펠이 너무 작다는 거다. 그래서 둘이 마을에 냄비를 빌리러 가기로 했다.

우리는 엄마 심부름을 가는 사이좋은 오누이처럼 노래를 부르며 마을로 내려갔다. 하지만 막상 남의 집 초인종을 누르려니 긴장된다. 다비드를 보니 그는 스페인어 '냄비'라는 단어를 잊지 않기 위해 중얼중얼 외우고 있었다.

마침내 주인아줌마가 나왔다. 다비드가 서툰 스페인어로 냄비를 빌려줄 것을 청할 때 나는 옆에서 최대한 온화한 미소를 띠고 '우리는 냄비를 들고 도망가는 나쁜 사람들이 아니에요.'라는 표정을 지어보였다. 그녀는 두말 않고 큰 냄비를 하나 내주었다. 그뿐 아니라 직접 딴 호두라며 호두도 한 움큼 줬다.

숙소로 돌아오며 다비드는 환호성을 질렀다.

"맙소사. 진짜 냄비를 빌려주다니. 로마에서라면 있을 수 없는 일이야."

우리는 의기양양하게 냄비를 들고 귀환했다. 그리고 저녁식사가 완성됐다. 제한된 재료를 가지고도 이탈리아인들은 늘 최고의 파스타를 만들어낸다. 테이블에 촛불을 켜고, 벽난로도 지피고, 파스타를 나누어 담고, 빈 컵에 와인을 채우고, 밥 말리의 음악을 틀었다.

"세상에. 우리 꼭 작은 가족 같잖아."

릴리가 행복한 표정으로 외쳤다. 그렇게 순례 14일째, 새로운 가족이 생겼다.

어느 날의 저녁식사. 7명이 2.2유로씩 내 총 15.4유로가 들었다.

SANTIAGO

11
“마녀의 묘약과 양말의 수호천사”

부르고스(Burgos)로 향하는 날, 스틱과 다리가 서로 꼬이는 바람에 균형을 잃었다. 큰 소리를 내며 넘어지자 주변을 걷던 사람들이 우르르 달려왔다. 이럴 경우, 아픔보다 부끄러움이 더 크다. 다행히 큰 상처 없이 손바닥이 좀 벗겨진 정도다. 하지만 툭툭 털고 일어난 순간 난 충격에 빠졌다. 어깨에 메고 있던 DSLR 카메라의 렌즈가 깨졌다.

슬픈 마음으로 길을 걷는데 뒤에서 누군가 날 따라오면서 계속 휘파람소리를 낸다. 안 봐도 알 수 있었다. 이탈리아에서 온 다비드다.

"저쪽 언덕에서 너 내려오는 거 보고 기다리고 있었는데, 불러도 답이 없더라고."

깨진 카메라를 애도하느라 그가 부르는지도 몰랐나보다. 근데 내가 언덕에서 내려오는 건 또 어떻게 봤을까.

"나는 네가 아무리 멀리 있어도 알아차릴 수 있어."

이건 또 무슨 달콤한 말인가 싶었는데, 그는 웃으며 내 치마를 가리켰다.

"멀리서도 네 치마는 잘 보이거든."

사실 긴긴 순례길 동안 나는 매일같이 긴 면 원피스를 입고 길을 걸었다. 맨 처음 생장피드포르에서 얼떨결에 길을 걷게 되던 순간부터 입었던 그 치마다.

긴치마는 내가 장기여행을 할 때 스카프와 함께 늘 들고 다니는 품목이다. 여러모로 활용도가 높다. 길이가 길다보니 걸쳐 입고 활동하기도 편하고, 특히 공동욕실에서 샤워를 마친 후 젖은 바닥에서 억지로 바지를 입으려 애쓰지 않아도 된다. 커튼이나 가림막 대신으로 쓴 적도 있다. 하지만 순례길을 걸으며 내내 입게 될지는 몰랐다.

여기에는 사연이 있다. 평소에 야외활동을 안하니 아웃도어 용품이 있을 리가 없다. 엄마한테 신발, 스틱 등을 빌리고 이모한테 등산용 의류를 빌렸다. 이모는 요즘 젊은 사람들은 산에서 이런 걸 입는다며 등산용 레깅스를 줬다.

실제로 순례길엔 레깅스 차림의 여성이 많았다. 하지만 막상 레깅스만 입으려니 도라지 뿌리 같은 하반신이 너무 두드러진다. 결국 고민 끝에 등산용 레깅스를 입고 잠옷 삼아 가져온 면 원피스로 몸매를 가려야 했다. 친구들 중에는 내 치마를 부러워하며 다음 여행길에는 자기도 치마를 입겠다는 친구도 있었다. 하지만 난 그 친구의 늘씬한 레깅스 몸매가 부러웠다.

한번은 길을 걷다가 중간에 헤어진 친구가 나중에 내가 묵고 있는 알베르

게로 찾아온 적이 있었다. 내가 여기 있는지 어떻게 알았냐고 묻자, 그녀는 웃으며 정원의 빨랫줄을 가리켰다.

“너 오늘 빨래했지? 저기 네 옷 걸려있더라.”

알베르게의 정원에서 잔꽃무늬가 들어간 내 원피스는 깃발처럼 펄럭였던 것이다. 내가 여기 있노라고. 이후로도 내 원피스는 산티아고로 향하는 노란 화살표와 같은 역할을 했다. 내 원피스가 펄럭이며 가는 방향이 산티아고로 가는 방향이었다.

도시의 순례자들

부르고스로 향하는 길은 점점 삭막해졌다. 길은 아스팔트로 바뀌고 차가 쌩쌩 지나가는 길옆을 계속 걸어야 했다. 부르고스 입구에 도착하자 큰 맥도날드가 보였다. 우리는 거의 빨려 들어가다시피 맥도날드에 들어갔다. 오랜만에 맛보는 도시의 맛이었다.

도시를 걷는 건 시골길을 걷는 것보다 힘들었다. 특히 아스팔트나 보도블록 위를 걸을 때는 시골길을 걷는 것처럼 등산스틱에 온몸을 의지하며 걸을 수 없었다. 소리가 나서 주민들에게 피해를 끼칠 수도 있고, 또 잘못 휘두르다간 사람을 다치게 하거나, 주차되어 있는 차를 긁을 수도 있기 때문이다.

그래서 가능한 스틱을 끌어 모아서 가슴에 품고 ‘나는 위험한 사람이 아니에요.’라는 표정으로 재빨리 인파를 헤쳐 나가야 했다. 무엇보다 시골에서는 걷다가 지치면 아무데서나 앉아 쉬면 됐는데, 도시에서는 그럴 수 없었다. 숙소가 있는 시내 중심까지 우리는 군대가 행진하듯 강하고 빠르게 걷기만 했다.

그래도 도시여행의 묘미는 관광과 미식이다. 부르고스에는 세비야, 톨레도와 함께 스페인 3대 성당으로 손꼽히는 산타마리아 대성당이 있다. 이 거대한 고딕 성당에는 중앙예배당을 중심으로 각 가문의 소 예배당과 성구 보관실, 갤러리 등이 있다.

중앙예배당에는 스페인의 국민영웅 로드리고의 무덤이 있다. 그의 별칭은 엘시드(El Cid), 이슬람교도에게 점령당한 이베리아 반도를 탈환할 때 공을 세운 명장이다. 성당의 내부는 밝은 미색이었고, 빛이 충분히 들어와서 산티아고 순례길에서 흔히 보는 로마네스크 양식의 성당보다 화려한 느낌이었다.

부르고스 성당을 나와 우리는 타파스 바(tapas bar)가 밀집해 있는 거리를 찾아 나섰다. 타파스는 작은 접시에 담긴 안주인데, 보통 식전이나 식후에 술과 곁들여 먹는다. 보통 타파스 한 접시 가격은 1.5유로에서 4유로 정도다. 마음에 드는 타파스를 시키면 그 가격에 원하는 술 한 잔이 따라 나온다. 우리는 쇼핑을 하듯 타파스 바 순례를 했다. 한 가게에 가서 타파스 하나 시켜먹고 수다를 떨다가, 다시 다른 가게를 찾아 또 타파스를 먹는 식이다.

그렇게 도시 관광과 미식을 즐기다가 릴리와 나는 서로 쳐다보며 한숨을 쉬었다. 가죽부츠에 날씬한 라이더 재킷을 걸친 스페인의 멋쟁이들 옆에서 등산 재킷을 입은 우리는 알프스 소녀 하이디 같이 촌스러웠다. 매일 같은 옷을 입다 보니 꼬질꼬질할 수밖에 없었다. 시골에서는 위화감을 못 느꼈는데 도시에 오자마자 급격하게 이질감을 형성하기 시작했다.

"아, 내 옷! 진짜 옷이 그리워! 이런 걷기용 유니폼 말고."

타파스 바에서 술과 작은 요리를 선택해 먹을 수 있다.

순례자들은 부르고스 대성당을 할인된 금액으로 관람할 수 있다.
(일반 입장료 7유로, 순례자 입장료 3.5유로)

릴리의 한탄을 시작으로 다들 자신이 그리워하는 것들을 털어놓기 시작했다.

"아, 난 내 방 평면 TV가 그리워. 소파랑."

"난 주방. 요리도구를 제대로 쓰면서 진짜 요리를 하고 싶어."

"목욕가운. 샤워하고 목욕가운만 걸치고 나오고 싶어."

한번 욕구가 터지기 시작하자 계속 나왔다. 시골길을 걸으면서는 그저 매일매일 행복했던 순례자들이지만, 도시로 돌아오자 다들 잊고 있었던 문명의 이기를 그리워하고 있었다. 눈에 보이지 않았을 때는 필요한지도 몰랐던 것들이었다. 결국 미첼의 말에 우리는 모두 고개를 끄덕일 수밖에 없었다.

"도시는 사람을 불행하게 만드는 것 같아."

마녀의 묘약과 양말의 수호천사

내 발의 물집은 갈수록 심해졌다. 숙소에 도착해서 신발을 벗을 때부터 발이 어떤지 좀 보자는 사람들이 생겨났다. 그럴 때마다 나는 냄새나는 발을 보여주고 싶지 않아서 도망가곤 했지만, 결국 사람들에게 발을 보여주는 수모를 겪어야 했다.

부르고스에 도착하자 지블란과 다비드가 발을 살펴봐 주었다. 반창고를 붙였지만 계속 걷다 보니 떨어져 나간 상태였다. 발을 내놓자 다비드가 물어봤다.

"붕대는 왜 안 감았어?"

"붕대가 없어서. 어제 사려고 했는데 그 마을에선 안 팔더라고."

다비드는 어이가 없다는 표정으로 쳐다봤다.

"누군가에게 붕대를 달라고 부탁하면 되잖아. 이 꽉 막힌 아가씨야. 이 길을 걷는 모두가 붕대를 가지고 있다고!"

어쩐지 야단맞는 모양새지만 늘 챙겨주는 그가 고마웠다. 그러더니 그는 이번에 프랑스 순례자 게이탄을 불러왔다. 게이탄은 예쁜 미소를 지니고 있는 20대 초반 여성이다. 늘 가방에 깃털을 매달고 다니고 머리에도 깃털을 꽂고 다니곤 해서 좀 특이한 느낌이었다. 예쁜 마녀를 보는 느낌이랄까.

어쨌든 게이탄에게는 프랑스 전통 약이 있다고 했다. 대체 뭘까 싶어서 보니 회색 가루였다. 그녀는 물을 조금 받아서 그 가루를 개었다. 되직한 반죽이 만들어졌다. 의심의 눈초리로 다비드를 쳐다보자 그는 의미심장한 미소를 흘렸다.

"마녀의 묘약이지."

알고 봤더니 프랑스 민간요법에서 치료제로 쓰이는 점토(clay) 종류라고 했다. 점토라니…. 문화충격이다. 미국인인 릴리는 심각한 표정으로 그런 걸 발랐다가 세균이 들어가면 더 심각해진다며 걱정이다. 하지만 게이탄과 다비드의 표정은 진지했다. 상처에 진흙을 바르자 저릿저릿 아프며 열이 나기 시작했다. 다비드는 자신의 붕대로 내 발을 둘둘 감았다.

한바탕 소동이 끝난 후 침대로 돌아가자 이번엔 옆자리의 아저씨가 말을 걸어왔다. 미국에서 온 롭이라고 했다.

"물집이 심한 모양이지?"

두말 않고 발을 보여줬다. 붕대와 반창고로 엉망이었다. 그러자 그는 주섬주섬 자기 가방에서 뭔가를 꺼냈다. 돌돌 말은 까만 양말이었다.

"이거 너 신어. 난 여러 개 가지고 있거든."

일단 받긴 받았는데 무척 당황스럽다. 통성명을 겨우 마친 사람에게서 신던 양말을 선물 받다니. 양말을 펴보니 심지어 발가락이 달려있는 무좀양말이었다.

"그걸 신으면 물집이 안 생길 거야."

잠시 머리가 복잡해졌다. 모르는 사람에게 신던 양말, 그것도 무좀양말을 선물로 받다니. 산티아고 길에서 남자를 찾는다더니, 남자 찾기는 고사하고 외간남자가 신던 무좀양말이나 신게 됐다. 어쩌다 이 지경까지 왔을까. 나는 떨떠름하게 고맙다는 인사를 하고 그의 양말을 받았다.

며칠 후, 나는 길을 걸으며 이 미국 아저씨를 수소문했다. 제대로 고맙다는 인사를 하기 위해서였다. 게이탄이 발라주었던 진흙은 내 물집을 어느 정도 아물게 해주었고, 그가 준 무좀양말을 신고부터는 더 이상 새로운 물집이 안 생겼다. 하지만 길 위의 어느 누구도 그를 봤다는 사람이 없었다.

대체 어디로 간 거지…. 더 이상 찾기를 포기하고 그를 천사라고 생각하기로 했다. 무지몽매한 나를 깨우치기 위해 하늘에서 내려온 무좀양말을 수호하는 천사. 그날 이후 두 번 다시 누군가의 무좀양말을 비웃지 않겠다고 다짐했다. 무좀양말은 사랑이었다.

여행이 끝난 후의 일이다. 남아공의 아이린이 내게 메일을 보내왔다.

"넌 네 여행길에 만난 천사들을 기억하고 있니?"

그녀가 보내준 사진에는 그날 무릎을 꿇고 내 발에 붕대를 감아주는 다비드의 모습이 찍혀있었다. 그 진지한 표정에 웃음이 나왔다. 그는 붕대의 수호천사였던 것일까. 다양한 천사들과 함께 걸었던 산티아고 순례길, 이제 목적지까지는 485km 남았다.

아이린이 보내준 사진. 늘 이렇게 천사들을 만나는 여행길이었다.

내 발에 마녀의 묘약을 발라
주는 게이탄

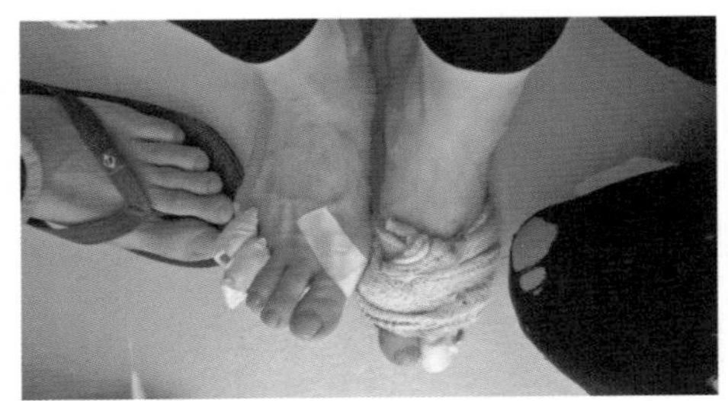

치료가 다 끝난 발

12
“이 길은 사랑의 고민을 안고”

이 길은 사랑의 고민을 안고

"이 길을 걷는 사람들의 90%는 사랑에 대한 고민을 하고 있는 거 같아."

부르고스에서 타파스 바를 순례하던 밤이었다. 뜬금없이 카일은 이런 이야기를 꺼냈다. 그가 만난 사람들 대다수가 사랑에 대한 고민을 가지고 이 길을 걷고 있었다는 거다. 그는 10년 전 결혼을 했지만, 최근 이혼을 고민하고 있다고 한다.

"쉽게 헤어지지 못하는 이유는 아이들 때문이지."

그는 자신의 팔을 걷어 보여줬다. 두 아들의 이름이 문신으로 새겨져 있었다.

"너는 어떻게 생각해? 너도 사랑에 대한 고민이 있어?"

나는 선뜻 대답을 못했다. 엄밀하게는 '사랑에 대한 고민이 안 생겨서 고민'이긴 한데…. 하긴, 그것도 사랑에 대한 고민이긴 하다. 대충 얼버무려 대답하고 릴리에게 질문을 넘겼다.

"릴리, 너는 그래도 행복한 고민이잖아?"

미국에서 온 그녀는 길을 떠나기 전 남자 친구가 청혼을 했다고 했다. 그녀는 이 길을 다 걷고 나면 청혼에 대한 대답을 해야 했다. 그 이야기를 듣고 같은 산티아고 순례길이지만 그녀가 걷는 길은 나와 달리 꽃길일 거라고 생각했다. 하지만 그녀의 입에선 예상치 못한 이야기가 나왔다.

"어쩌면 청혼을 못 받아들일지도 몰라."

그녀의 남자 친구는 몇 년 전 사별을 했고, 11살이 된 남자아이가 있다고 했다. 부모님이 반대하냐고 묻자 그것도 아니란다. 한참 후에 나온 그녀의 고민은 내가 한 번도 생각해 본 적이 없는 성질의 것이었다.

“내가 한 아이의 어머니가 될 수 있을까? 그리고 그 아이를 끝까지 사랑할 수 있을까?”

그녀는 사진을 몇 장 보여주었다. 릴리와 아이는 행복해 보이는 모습이다. 실제로 사이가 좋다고 한다. 하지만 남자 친구의 아이와 친하게 지내는 것과 그 아이의 엄마가 되는 건 전혀 다른 문제라고 한다.

“아무리 노력해도 난 ‘계모’가 되는 거잖아. 동화책에 나오는 그 ‘계모’ 말이야. 내가 무언가를 못하면 ‘계모니까.’라는 말을 듣겠지. 잘한다면 ‘계모치고는’이란 말을 들을 거야. 계속 그런 소리를 들으면서 나는 아이를 지금처럼 사랑할 수 있을까?”

상상도 못해본 고민의 무게에 그만 할 말을 잃어버렸다. 와인 잔을 뱅글뱅글 돌리며 대답할 말을 찾고 있는데 카일이 다시 한마디 했다.

“것 봐, 이 길을 걷는 사람들의 90%는 사랑에 대한 고민을 하고 있는 거라니까.”

그럴지도 모르겠다. 하지만 길이 끝나면 이 고민도 끝이 나는 걸까? 만약

UNIVERSIDAD DE BURGOS
RECTORADO
FACULTAD DE DERECHO

해결법을 못 찾으면? 마음속에 의문이 가득 떠올랐지만 어두운 표정의 카일과 릴리를 보며 아무 말도 할 수 없었다.

이 길의 미친 놈

그날은 오닐로스 델 카미노(Hornillos del Camino)에 도착한 날이었다. 부르고스에서 카메라 수리센터에 들르느라 나는 오후에 출발했다. 늦게 출발한데다 중간에 소나기까지 만났다. 결국 온몸이 젖어서 도착한 시간은 오후 6시, 이 작은 마을 안의 알베르게는 모두 순례객으로 꽉 차 있었다. 하지만 마을 끝에 있는 공립 알베르게의 체육관에서 잘 수 있다고 했다.

체육관에 도착한 순간, 환호성이 들렸다. 아침에 헤어졌던 다비드, 지블란, 미첼, 릴리였다. 다비드는 날 데리고 온 호스피탈레로 나초에게 고맙다고 인사하고, 내 손을 잡고 겅중겅중 춤을 췄다. 어안이 벙벙했다. 대체 이들은 아침 일찍 출발했는데, 왜 나랑 같은 지점에 있는 걸까. 알고 보니 중간에 비도 왔고, 비온 김에 맥주 마시면서 노닥거리다가 이들도 오후 늦게 이 마을에 도착했다고 한다.

어쨌든 이날 밤은 이 체육관에서 매트리스를 깔고 묵어야 했다. 다행히 알베르게에 있는 샤워실과 부엌을 쓸 순 있었지만, 비도 오고 추운 날에 차가운 바닥에서 자는 건 예상치 못한 상황이었다. 그나마 친구들이 있어서 다행이었다.

그렇게 나는 남아서 짐을 풀고, 친구들은 요리를 하러 알베르게로 갔을 때였다. 헝가리 순례자 이안이 체육관으로 들어왔다. 그런데 그는 갑자기 내게 다가와 눈을 부릅뜨고 소리를 지르기 시작했다.

"네가 내 매트리스에 손댔지?"

난 당황해서 얼어버렸다. 불과 5분 전까지만 해도 내 발이 괜찮은지 걱정해주고, '파스타 많이 만들었으니까 먹으러 오라.'는 알베르토의 메시지까지 전해줬던 사람이다. 그런 그가 어느 순간 돌변했다. 신기한 것은 그의 영어 억양도 평소와 달라졌다. 처음 들어보는 경직된 발음이었다. 이 사람이 갑자기 왜 이러는 걸까. 그때 릴리가 체육관에 들어왔다. 그러자 그는 이번엔 릴리에게 다가가 소리를 질렀다.

"네가 내 매트리스에 손 댄 거야?"

릴리는 움찔했지만 침착하게 대답했다.

"아니거든? 무슨 소리하는 거야?"

그러자 그는 다시 소리를 질렀다.

"안 그런 걸 다행으로 알아!"

릴리는 내게 눈짓을 하고 우리는 조용히 바깥으로 빠져나갔다. 체육관 안에서 이안은 여전히 다른 사람에게 소리를 지르고 있었다.

"누가 내 매트리스 가져간 거야? 이런 일은 이 길에서 있을 수 없는 일이야! 있을 수 없는 일이라고!"

아무도 그의 매트리스에 손대지 않았다. 그리고 애초에 그의 매트리스도 아니다. 이 체육관에 비치되어 있는 매트리스였다. 그러니 설사 누가 가져갔다고 해도 다른 매트리스를 깔면 될 일이었다. 체육관 바닥에 널린 게 이 스티로폼 요가 매트리스다. 그때까지도 나는 질려서 한마디 말도 못하고 있었다. 릴리는 한숨을 쉬더니 말했다.

"것 봐, 내가 쟤 이상하다고 했잖아."

참담한 심정으로 고개를 끄덕일 수밖에 없었다. 헝가리에서 온 순례자 이안. 그는 확실히 좀 이상했다. 기분이 아주 좋아 보일 때도 있지만, 아주 나빠 보이기도 했고, 가끔 이쪽을 보며 히죽히죽 웃고 있거나, 눈이 빨개져서 성당에서 혼자 울고 있을 때도 있었다. 나는 그냥 '감정기복이 심한 타입인가보다.'라고 생각했다. 본격적으로 그에 대한 이야기가 나온 건 미국과 캐나다에서 온 순례자들에게서였다.

"그 사람 이상하지 않아? 그 헝가리에서 왔다는 사람."

"그러게. 그 사람 좀 정서적 문제가 있는 것 같아. 알코올중독 같기도 하고. 가끔 쳐다보는데 좀 소름끼쳐."

"원래 동유럽계들이 좀 성격이 강하지 않어? 아, 지금 이 방에 동유럽계 없지?"

"그치, 동유럽 사람들이 캐릭터가 세긴 하지."

그들이 그런 이야기를 하는 동안 나는 가만히 듣고만 있었다. 사실 북미 출신 여행자들이 자주 다른 민족에 대해 뒷담화를 하는 게 마음에 안 들기도 했다. '저 호들갑스러운 북미인들이 또 엄한 사람 잡는구나.'라고 생각했다. 하지만, 나의 낙관적인 판단과는 다르게 일은 터져버렸던 것이다.

릴리와 나는 호스피탈레로에게 이안의 상태를 전달했다. 다른 친구들도 팔짱을 끼고 심각한 표정으로 듣고 있었다. 체육관의 다른 순례자들도 알베르게 부엌으로 모여들기 시작했다. 이안이 더욱 광분하기 시작했다고 했다.

우리는 대책을 논의했지만 뚜렷한 방법이 없었다. 오늘밤 우리가 잠을 잘 수 있는 공간은 그 체육관밖에 없다. 결국 이안이 잠들기를 기다려 우리는 손전등을 켜고 조심조심 불이 꺼진 체육관으로 들어갔다. 이안은 잠을 자는지 조용히 누워있었다.

정말 최악의 밤이었다. 공기는 축축하고 체육관 바닥은 차가웠다. 바깥에선 바람이 거세게 불고 체육관 문은 연신 덜컹거렸다. 다들 침낭 속에 들어가서 잠을 청하는데, 누군가 조용히 중얼거렸다.

"아, 오늘밤 잠들 수 있을까."

'그러게….' 나는 속으로 말을 받았다. 그때 말은 못했지만 나는 정말 울고 싶을 정도로 공포에 질려있었다. 손전등을 켜고 이안의 옆을 지날 때 어둠 속에서 그의 번들거리는 눈동자가 우리를 따라 움직이고 있었다. 엄밀하게 본 것은 아니다. 본 것 같았다. 하지만 그 생각만으로도 나는 머릿속이 하얘졌다.

나는 잠들지 못하고 광분한 이안이 한밤중에 자고 있는 우리들에게 칼을 휘두르는 상상을 했다. '내일 체육관 문을 연 호스피탈레로는 죽어있는 우리를 발견하겠지….' 한번 시작된 나쁜 상상은 끝이 없었다. 나는 만약을 대비해 가방에서 접이식 과도를 꺼내 주머니 안에 넣었다.

그리고 다음 순간, 나는 환히 밝아진 체육관에서 눈을 떴다. 시계를 확인하니 오전 8시. 체육관 안에는 이안을 비롯한 다른 순례자들은 모두 떠나고 우리 일행만 잠을 자고 있었다. 세상에, 그 와중에 꿀잠을 잔 것이다. 아…. 나는 대체 뭘까.

친구들을 깨우니까 다들 멋쩍어하면서 깬다. 다들 자신들이 꿀잠을 잤다는 것이 믿어지지 않는 눈치다. 알베르게로 가니 호스피탈레로 나초만 남아있었다. 이왕 늦은 거 우리는 커피를 마시며 느긋한 시간을 보냈다.

이곳의 호스피탈레로 나초 역시 순례자다. 그의 여정은 로마에서부터 시작되었다. 이곳에서 봉사활동을 하다가 다시 걸어 산티아고까지 가고 또 걸어서 로마까지 돌아갈 거라고 했다. 그는 행복을 나누어주는 컵이 여행을 하는 동화를 쓰고 있었다. 떠나기 전, 그는 우리에게 노래를 한 곡 불러줬다. 엘비스 프레슬리의 「If I can dream」이라는 노래였다.

우리는 거센 비가 오는 구름 속에 길을 잃고
우리는 고통이 끊이지 않는 세상 속에 발이 묶였지.
하지만 우리가 계속 꿈꿀 수 있는 힘이 있다면
영혼을 다시 찾을 수 있을 거야.

마음속 깊은 곳에 떨리는 질문이 있어.
하지만 분명 답은, 답은 어떻게든 내게로 찾아올 거야.

그의 매력적인 중저음과 함께, 어제의 걱정과 근심은 날아가고, 다시 빛나는 날이 찾아왔다. 길은 탁 트인 평원이 이어졌다. 바람을 거슬러 걷느라 힘은 들었지만 어쩐지 속은 후련했다. 길을 걸으며 엘비스 프레슬리의 노래를 떠올렸다. 이혼을 고민 중인 카일도, 결혼을 고민 중인 릴리도, 마음 속 어두움에 빠진 이안도…. 모두 모두 길을 걸으며 답을 찾게 되길.

이제 산티아고까지는 467km 남았다.

모두에게 평화를 주는 순례자 나초와 함께

13

“별을 받았다”

영혼을 위한 병원

어느 날 내 영혼이 외쳤다. "그만 좀 방에 처박혀 있고 나가서 남자라도 좀 만나." 그것이 내 순례의 이유였다.

그렇게 산티아고를 향해 출발한 지 17일째. 부르고스를 지나면서부터 길은 단조로워지기 시작했다. 스페인 지역의 중앙평원인 메세타고원 코스였다. 다음 대도시 레온까지는 181km, 이 구간은 순례자들에게는 난코스로 꼽힌다. 길은 길고 지루하고, 마을간 거리는 떨어져 있어서, 화장실을 가거나 식사를 하기도 힘들다.

하지만 난 그 구간이 마음에 들었다. 일단 대부분이 평지여서 걷기 편했다. 그리고 한국에서는 탁 트인 평원을 볼 일이 없다 보니 경치를 보는 즐거움도 있었다. 걷다가 지치면 평원 위에 큰 구름의 그림자가 한가롭게 흘러가는 걸 보곤 했다. 하지만 아마 여름이었다면 내리쬐는 직사광선에 괴로웠을 것이다.

한참 평원을 걷다 보면 저 멀리 높은 산이 하나 보인다. 산 위에는 무너진 성이 뚜껑처럼 놓여있다. 카스트로헤리스(Castrojeriz)다. 카스트로헤리스는 9~10세기에 스페인과 이슬람 세력이 전투를 벌였던 곳이다.

여러모로 인상 깊은 마을이었다. 마을입구에는 토굴을 이용한 집이 있었다. 동네 아저씨를 따라 들어가 보니 개인 양조장이었다. 와인을 한 잔씩 얻어 마시고 얼큰해져서 마을 중앙의 수도원을 지났다. 수도원 벽에는 해골 모양의 부조가 새겨져 있고 그 위에는 라틴어로 '죽음'과 '영원'이라고 적혀있었다. 우리는 잠시 벽을 보며 말없이 서 있었다. 이 마을, 어쩐지 심오하다. 듣기에는 소설 『순례자』의 파울로 코엘료가 이 마을에서 머물며 글을 썼다고 한다.

수도원을 지나 골목에 들어서자 이번에는 문이 열린 집이 있었다. 그 집 입구에는 '영혼을 위한 병원(Hospital de las almas)'이라고 적혀있었다. 집안에서 좋은 향기가 나고 부드러운 음악이 들려왔다. 집을 개조한 갤러리공간이었다. 마우라는 이탈리아 남성과 니아라는 스페인 여성이 순례길에서 만나 이 공간을 만들었다고 한다. 벽에는 그들이 찍은 사진이 걸려있고 명상을 위한 공간들과 따뜻한 차, 비스킷이 준비되어 있었다.

우리는 흩어져 각자 쉬는 시간을 가졌다. 나는 비스킷 근처에 자리를 잡고 오가는 사람들을 지켜봤다. 다들 어떤 이유로 이 길을 걷고, 이 영혼을 위한 병원에 들어오게 되었을까.

어떤 이유로 길을 걷기를 선택하든 모든 사람의 시작점은 하나일 것이다. 영혼의 외침. 어느 날 상처받은 영혼이 절절하게 외치는 소리를 듣는 것이다.

'그만 일하고 좀 쉬어.' '그만 널 싫어하고 좀 놔줘.' '그만 그녀를 탓하고 이제 좀 잊어.' 같은 영혼의 외침. 내 영혼의 경우에는 앞서도 언급했지만 '그만 방에 처박혀 있고 나가서 남자라도 좀 만나.'였지만.

산티아고 순례길도 중반을 향해 달려가고 있다. 이쯤 되면 순례자들은 어느새 목적지만 바라보며 관성적으로 걷게 된다. 하지만 이 영혼의 병원에서는 이런 순례자들에게 잠시 걸음을 멈추고 생각할 시간을 주고 있었다. 당신이 아니라 당신 영혼이 불러서 이곳까지 왔다고. 그때 영혼이 외친 게 무엇이었냐고.

지금은 폐허가 된 산안톤 수도원

O,ætérn tas “오, 영원이여”

O,mors “오, 죽음이여”

푸엔테 피테로(Puente Fitero)에서 친구들과 헤어졌다. 이탈리아 페루자 순례자연합에서 운영하는 산니콜라스 알베르게에서였다. 그곳은 봉사자들이 순례자들의 발을 씻겨주는 세족식으로 유명하다. 그들은 그곳에서 하루 더 묵기로 했고, 난 먼저 길을 떠났다. 어차피 내 걸음이 느리니 그들은 금방 날 따라잡을 것이다.

오랜만에 혼자가 되어 걸었다. 이테로 데 라 베가(Itero de la Vega)라는 마을 입구에 도착하자, 한 중년남성이 식당 전단지를 나눠주고 있었다. 마을 안쪽에 있는 식당이란다. 왜 전단지를 나눠주나 궁금했는데, 마을에 도착하자 그 의문이 풀렸다. 마을입구에는 야외공간이 있는 근사한 식당이 있다. 대부분의 순례자들은 그곳에서 멈췄다. 위치상으로 마을 깊숙이 있는 식당은 승산이 없을 수밖에 없다.

하지만 어째서인지 나는 전단지에 적힌 그 식당에 가고 싶었다. 살면서 가끔은 강력한 예감이 찾아올 때가 있다. 예감을 따라 골목을 헤매며 그 식당에 찾아갔다. 80년대 느낌이 물씬 나는 낡은 식당이었다. 전단지 돌리는 사람의 노력에도 불구하고 텅 비어있었다.

햄버거를 하나 시키고 앉아있는데, 백발의 머리를 하나로 묶은 할아버지가 말을 건다. 미국에서 온 75세의 도널드다. 잠시 이야기를 나누면서 알게 된 것은 그는 결혼은 안했지만 네 딸과 손주가 있고, 평생 의사로 일하다 은퇴했다고 한다. 안 그래도 궁금했다. 왜 순례길에는 이렇게 은퇴자가 이렇게 많은지.

"아마 대부분의 은퇴자들이 비슷한 고민일 거야. 아이들은 장성해서 더 이상 날 필요로 하지 않고, 이제는 무언가를 이루기 위한 삶이 아니라 온전히 존재하기 위한 삶인데, 어떻게 살아야 할지 모르겠는 거지."

평생 봉사활동도 열심히 했고, 딸들에게 충실한 아버지이고, 손주도 여러 명이지만 은퇴 후의 상실감은 어쩔 수 없었다고 한다. 늘 '의사'로 불려왔던 그에게 은퇴는 정체성을 상실하는 것이었다.

"스스로의 '존재'에 대해 좀 더 일찍 생각했어야 했어. 너는 나보다 훨씬 어리지. 그런데도 너는 벌써 이 길을 걸으며 네가 어떻게 존재해야 하는지 고민하고 있지. 나보다 훨씬 앞선 고민인 거야. 나는 거기에 부러움을 느껴."

아아, 난 그렇게 거창한 걸 생각하고 길을 걸으러 온 게 아닌데 말이다. 결국 이실직고했다. 난 그냥 남자나 찾으러 온 거라고. 토산토스에서 만난 아이린 이후 두 번째 고백이다. 그리고 잠시 나를 둘러싼 상황에 대해 설명했다.

첫 데이트를 한 사람으로부터 "결혼을 하면 어머니를 모시고 살고 싶다."라는 소리를 듣고, 세 번째 데이트를 한 사람으로부터는 "당신이랑 꼭 닮은 딸이 있으면 참 좋겠다."는 소리를 들었다. 이들 중 어느 누구도 내가 결혼을 원하는지, 아이를 원하는지 물어보지 않았다. 결혼이 아니면 어떤 남녀관계도 성립하지 않는 사회에서 난 그냥 연애나 하고 싶을 뿐이었다. 그는 흥미롭다는 표정이었다.

"한 번도 결혼하고 싶었던 적은 없었어?"

한 사람을 내 삶에 받아들이는 것에는 수많은 결정을 동반한다. 이 사람과 연애를 하면 이제 우리는 어떻게 되는 걸까. 헤어지면 그땐 어떻게 되지? 지금은 과거가 되어버린 그의 청혼도 마찬가지였다. 이 사람과 결혼을 하면 내 인생은 어떻게 변하는 걸까. 고민 끝에 나는 결국 'NO'라는 결정을 내렸다. 그는 좋은 사람이었지만, 그와의 결혼은 결말이 뻔한 책을 펼치는 것 같았다. 책장을 넘기기도 전에 이미 지루했다.

하지만 그런 큰 결정 후에는 스스로가 대견하기보다 불안에 휩싸이게 된다. '했어야 했나.' '아니야, 안하길 잘했어.' '아니야, 했어야 했어.' 하루에도 몇 번씩 스스로의 결정을 번복한다. 하긴, 결혼을 했어도 마찬가지였을 것이다. '안했어야 했나.' '아니야, 하길 잘했어.' '아니야, 안했어야 했어.' 이런 고민을 도널드에게 이야기하자 그는 간단하게 이야기했다.

"안하고 싶으면 안하는 게 맞는 거야. 그리고 그때 내리지 않은 결정에 대해 후회하거나 걱정할 필요는 없어. 너는 하나의 결정이 네 인생을 송두리째 바꿀 거라고 생각하지만, 지나고 보면 그 결정은 그렇게 중요하지 않거든."

그는 냅킨에 그림을 그리기 시작했다. 아래에 미로를 그리고 그 위에 큰 새를 그렸다.

"인생을 미로라고 생각해봐. 그리고 네가 새라고 생각해봐. 네가 고민한 내용은 위에서 바라봤을 때는 '작은 헤맴'일 뿐이야. 잊지 말아야 할 것은 네가 원래 어떤 사람이냐는 거야. 어차피 너라는 사람이 변하지 않는다면, 그러니까 지금의 너의 마음, 너의 정신, 너의 순수함을 그대로 가지고 있다면 네가 어떤 선택을 하더라도 네가 향하는 길은 하나일 거야."

어째서 이 식당에 오고 싶었는지 이유를 알 것 같았다. 그는 내가 어떤 질문을 하든 척척 대답을 해주었다. 거대한 지혜의 컴퓨터 같았다. 그와 이야기를 나누다보니 2시간이 훌쩍 지났다. 그는 이 마을에서 묵을 거라고 했다. 나는 14km를 더 걸어서 프로미스타(Fromista)까지 갈 생각이었다.

걷다 보니 어느새 물길을 따라 걷고 있었다. 1753년에서 1859년 사이에 만들어진 까스띠야수로(Canal de Castilla)다. 그 시절 이 수로를 위에서 내려다 볼 수 있었다면, 총길이 207km의 수로를 따라 끊임없이 곡물이 대서양으로 향하는 것을 볼 수 있었을 것이다.

만약 새가 되어 내려다본다면, 지금 나는 미로의 어디쯤을 헤매고 있는 걸까. 눈앞의 벽은 높기만 한데, 과연 내가 원하는 출구에 닿을 수 있을까. 이런 저런 복잡한 생각이 들긴 했지만, 걷기엔 완벽한 날씨였고, 햇볕은 물에 닿아 반짝였다. 어제는 몰랐다. 오늘 내가 이렇게 멋진 풍경을 만나게 될지. 정말 어제는 몰랐다. 오늘 이렇게 멋진 만남을 가지게 될지. 사색을 하며 걷기엔 최고의 날이었다.

별을 받았다

카리온 데 로스 콘데스(Carion de los Condes)에는 산타마리아 성당에서 운영하는 알베르게가 있다. 이곳에서는 매일 오후 5시가 되면 수녀님들과 노래하는 시간을 가진다. 그녀들은 기타를 들고 와서 모두에게 노래가 적힌 종이쪽지를 나눠주었다. '어메이징 그레이스'나 '관타나메라'와 같이 친숙한 노래도 있었다. 그 중 한 노래는 스페인 시인 레온 펠리페의 시에 노래를 붙인 곡이었다.

어느 누구도 어제 가지 않았네.
오늘도, 내일도 가지 않을 거라네.
내가 신에게 가기 위해 걷는 이 길로.
태양이 모든 사람에게 새로운 빛을 주듯이
신에게 향하는 그 길 또한 새로운 길이라네.
– 레온 펠리페 「Nobody went yesterday」

지금 내가 가는 이 길은 어느 누구도 어제 걷지 않은 길이다. 한 해 23만 명의 사람들이 산티아고를 향해 걷지만 우리는 모두 다른 길을 걷고 있었다. 내가 남자를 찾아 걷는 길은 퇴직 후의 삶을 찾아 걷는 아이린의 길과 다를 것이며, 청혼을 두고 고민하는 릴리의 길과 다를 것이다.

함께 노래를 부르고 나면 각 나라별 순례자에게 노래를 시킨다. 한국 순례자들은 대부분 아리랑을 부르는 것 같았다. 수녀님은 내게 "코리아?"라고 물어보고 이미 아리랑을 반주할 채비를 하고 있었다. 이틀 전 이곳을 다

녀간 한국 순례자가 미리 정보를 보내주었기에 당황하지 않고 아리랑을 불렀다. 사실 음주가무에 약한 편이라 달리 아는 노래도 없었다.

저녁 미사에 참여를 했을 때도 이 꾀꼬리 같은 수녀님들이 기타를 들고 노래를 하며 미사가 진행되었다. 그리고 마지막엔 순례자들만 따로 남았다. 신부님은 우리 모두의 국적을 물어보고, 순례자들에게 일일이 성호를 그어주고 축성을 내려주었다. 옆에서 수녀님은 무언가를 나눠주었다. 별모양의 색칠된 작은 종이였다.

"여러분이 걷는 길에는 낮에는 태양이 빛나지만, 모든 문제는 깜깜한 밤에 생기죠. 어두운 밤에도 여러분을 가야 할 길로 인도해주는 별을 나누어 드립니다."

종이별을 받는 사람들의 눈에 눈물이 번졌다. 일이 잘 풀릴 때 우리는 도움을 찾지 않지만, 정말 도움이 필요할 때는 깜깜한 밤일 것이다. 빨래를 걷으러 정원에 나가보니 깜깜한 하늘에 별이 떠있었다. 어쩐지 가슴이 벅차올라 깊게 심호흡을 해야 했다. 이틀 전 도널드가 했던 말이 떠올랐다.

"이 길은 다양한 루트가 있지. 하지만 어떤 루트를 선택하더라도, 혹은 길을 잃고 헤매더라도, 결국 우리가 도착하는 곳은 산티아고 데 콤포스텔라야. 우리가 길을 떠난 목적을 기억하는 한 말이지."

깜깜한 내 미로 위로 별이 하나 떠올랐다.

14
"남자에게 차여서 산티아고에?"

절반의 성공

"아, 잠깐만 화장실에 가야겠는데."

"여기 화장실이 어디 있다고?"

같이 걷던 문은 내게 가방을 맡기고 저쪽 낮은 수풀 사이로 들어갔다. 나는 불안하게 다른 사람이 오는지 망을 봐야 했다. 메세타 구간의 가장 문제는 마을이 띄엄띄엄 있는데다, 어딜 봐도 평원이기에 볼일을 보고 싶어도 숨을 공간이 없다. 카리온 데 로스 콘데스에서 출발해 다음 마을인 칼사디아 데 라 쿠에사까지 17km를 걷는데 화장실이 하나도 없었다. 사람이 이렇게 많이 이용하는 순례길이면 이동용 화장실 하나는 만들어둘 법도 한데 말이다.

이틀 전 만나 함께 걷기 시작한 문은 한국에서 태어났으나, 어릴 때 노르웨이로 입양되었다고 한다. 특이하게 한국 성을 그대로 이름으로 쓰고 있었다. 직업학교를 마치고 1년 정도 일을 하다가 지금은 쉬면서 장기여행 중이다. 노르웨이는 실업자에 대한 지원이 다양해서, 다시 일을 찾는데 부담을 느끼지 않는다고 한다.

그런 이야기를 들으면 부럽기도 하다. 한국에선 장기여행을 마치고 원래의 일로 복귀하지 못하는 경우도 많다. 한국의 삶은 거대한 단체줄넘기 같아서 뛰다가 숨이 가빠서 빠져나갈 수는 있지만, 다시 돌아가긴 힘들다. 정신없이 줄이 돌아가는 그 속도에 다시 뛰어들 수 없는 것이다. 문은 노르웨이에서의 삶에 만족한다고 한다. 단 한 가지 말고는.

"북유럽에 입양되는 건 미국에 입양되는 것과 또 다른 경우야. 왜냐면 북유럽엔 아무리 둘러봐도 머리가 까만 아이는 나밖에 없거든. 그리고 '넌 참

아무리 살펴봐도 숨을 곳 하나 없는 메세타 평원

인형처럼 예쁘다.'는 칭찬을 많이 받지. 다르다는 이유로 주목받는 게 정말 스트레스였어."

다음날 우리는 사하군(Sahagun)을 지났다. 사하군은 레온 주에서 첫 번째로 만나는 도시이다. 이곳에서 산티아고 순례길 절반을 완수했다는 증명서를 받을 수 있다. 문은 여기까지만 걷고 세비야의 친구 집으로 갈 예정이었다. 우리는 반완주 증명서를 받고 자축한 후 헤어졌다. 그녀는 언젠가 한국에 와서 엄마를 찾을 거라고 했다. 정말 그렇게 되었으면 좋겠다. 물론 한국에서 엄마를 못 찾을 수도 있지만, 모든 것은 꼭 완성에만 의미가 있는 건 아니기 때문이다.

레리에고스(Reliegos)에는 엘비스의 바(Elvis' bar)라는 독특한 바가 있다. 건물 외벽에 형형색색의 페인트가 칠해져 있고, 커다란 눈이 그려져 있다. 내부는 더욱 기괴했다. 각국의 언어로 낙서가 되어 있고, 대마초 그림이 여기저기 그려져 있었다. 주인장과 종업원도 상당히 독특한 분위기다. 나중에 알고 보니 이 바에만 들어가면 타임워프가 일어난다는 말이 있을 정도의 사차원적 공간이었다. 밤에는 온갖 세계의 음악을 다 들을 수 있다고 한다. 점심으로 스페인 햄이 들어간 샌드위치를 먹고 있는데 바네사가 지나가다 묻는다.

"너 다비드랑 릴리 만났어? 걔들 며칠 전부터 너 찾던데?"

한때 작은 가족이라 불렸던 다비드, 미첼, 릴리, 지블란 일행들. 이들과는 5일 전 헤어졌다. 헤어질 때는 어차피 걷는 속도가 느리니까 이들이 날 금방 따라잡을 거라고 생각했다. 하지만 어찌된 영문인지 그들이 나보다 앞서 걷고 있는 상황이었다. 다음 마을인 만시야 데 라스 물라스(Mansilla de las Mulas)에 도착하자 날 발견한 다비드가 뛰어나왔다.

"우린 네가 UFO에 납치된 거라고 생각했어."

날 따라 잡으려고 빨리 걸었는데 잡을 수 없었다는 거다. 다비드는 늘 밝은 성격으로 이 작은 패밀리의 구심점 역할을 했다. 그는 늘 멤버들을 잘 챙겨줬다. 내 발이 아플 때 약을 가지고 있는 게이탄을 불러온 것도 그였고, 와인이 모자라면 먼저 일어나 사러 가는 것도 언제나 그였다.

그는 아침저녁으로 인사삼아 내게 사랑고백이나 청혼을 하곤 했다. 하지만 내 가슴은 1g도 설레지 않았다. 그는 애정표현이 우리와는 정반대인 이탈리아에서 왔기 때문이다. 주로 내가 웃긴 소리를 하면 찬사와 함께 "아이 러브 유."를 외치는 식이다. 그 경우 '아이 러브 유.'는 칭찬의 의미다. '넌 정말 괜찮은 사람이야.' 혹은 '넌 진짜 웃긴 녀석이야.' 정도로 알아들으면 된다.

케밥을 먹다가도 "우리 결혼해서 아침저녁으로 케밥 먹자."라는 소리를 한다. 동서양이 만났으니 케밥을 먹어야 한다는 거다. 그럴 땐 나 역시 눈 하나 깜박하지 않고 대답해주곤 했다. "고마워, 근데 난 됐어(Thank you, But no thank you)." 그런 내 반응에 주변 친구들은 즐거워하곤 했다.

대체 얼마 만에 들어보는 사랑고백인데, 이리 실속이 없다니…. 스스로가 안쓰러울 정도다. 그래도 이렇게 유쾌한 사랑고백을 들어본 적이 있었던가. 사랑이라는 말만 들어가도 모든 것은 쓸데없이 복잡해지는데. 우리는 사랑이 대뇌에 신경전달물질과 호르몬을 분비시켜 행복지수를 높인다고 믿는다. 하지만 현실은 꼭 그렇지만은 않다. 사랑은 행복지수를 높여 우리를 천국으로 데려가기도 하지만, 한편으론 스트레스지수를 높여 지옥행 특급열차를 타게 하기도 한다.

호주에서 온 헬레나의 경우엔 사랑 때문에 이미 지옥에 한 번 갔다 온 상태였다. 그녀는 늘 밝은 미소를 짓고 있었지만, 사실 이곳에 온 이유는 '차여서 홧김에'였다. '오, 연애 이야기다.' 우리는 귀가 쫑긋해져서 그녀 주변으로 모였다.

헬레나는 1년 전 호주로 여행을 왔던 영국 남성과 만남을 가졌다고 한다. 둘은 호주에서 행복한 시간을 보냈고, 이번엔 그녀가 영국에 방문했다. 하지만 그에게는 다른 여자가 있었다. 알고 보니 오랜 여자 친구를 두고 호주에서 헬레나를 만나 바람을 핀 거였다.

들어가면 타임워프가 일어날 것 같은 특이한 바

우리는 사랑을 할 때 상대에 대해 얼마나 알고 있을까.

“내 마음이 다친 건 그를 사랑해서가 아니라, 거짓말쟁이인 그의 본질을 몰랐다는 거야! 난 그가 아니라 속아 넘어간 내가 싫다고.”

결국 이런 마음으로 호주에 돌아가고 싶지 않았기에 그녀는 이 순례길을 걷기 시작했다. 이 길에 걷기만 해도 치유가 저절로 되는 하이패스라도 설치가 되어 있으면 좋으련만. 그런 게 있을 리가 없다. 하지만 최소한 이 길은 그녀가 호주에 돌아가기 전까지 시간을 벌어줄 것이다. 그녀의 고향 친구들 앞에서 웃으면서 이 이야기를 할 수 있을 정도의 시간을.

가족의 해체

이제 순례자들의 무리는 대도시 레온(Leon)으로 향한다. 이곳은 10~12세기 레온 왕국의 수도였다. 순례길에서 만난 한 한국 여성은 친구들과 돈을 모아 레온의 국영호텔(Parador de León)에 묵기로 했다고 했다. 이 호텔은 산 마르코스 수도원을 개조한 유서 깊은 곳이다. 그들이 그곳에 묵는 이유는 산티아고 순례길을 다룬 영화 「더 웨이」에 나왔기 때문이라고 했다.

「더 웨이」는 순례길을 걷다가 사망한 아들의 유해를 찾기 위해 온 아버지의 이야기다. 그는 길을 걸으며 세 명의 캐릭터를 만난다. 살을 빼기 위해 왔다는 네덜란드인 요스트, 담배를 끊기 위해 왔다는 캐나다 여성 새라, 글감을 찾기 위해 왔다는 아일랜드 출신 잭이다.

내게 이 영화 이야기를 해준 존은 이 캐릭터들은 네 가지 문제를 대변한다고 했다. 아버지는 아집과 불통, 요스트는 건강상의 불균형, 새라는 과거의 트라우마, 잭은 권위(교회)와의 문제다. 이 길을 걷는 사람들은 이 네 개의 문제 중 하나씩은 다 가지고 있다는 게 그의 주장이다. 그리고 자신은 네 가지 문제를 다 지니고 있다고 했다.

산티아고 길을 걸으며 요스트는 자신감을 얻게 되고, 새라는 폭력적인 남편 때문에 유산했던 트라우마를 극복하게 되고, 잭은 산티아고성당에 들어서며 신에게 머리를 숙이는 것으로 각자 해결을 본다. 그리고 영혼이 자유로운 아들을 이해하지 못했던 고지식한 아버지는 순례길을 걸으며 죽은 아들을 이해하게 된다.

사람들은 산티아고 길을 걸으며 자신이 가진 문제가 이 영화처럼 해결되기를 바란다. 어느새 길은 절반을 넘은 상황, 이제는 자신의 문제가 해결되지 않을까 슬슬 초조해지기도 한다. 릴리도 그런 듯했다. 레온에 도착하기 전부터 그녀는 컨디션이 저조했다. 아침에 커피를 마시며 그녀는 이렇게 말했다.

"이제 걷는 건 충분한 것 같아. 오늘은 버스를 타고 갈려고."

그런데 옆에서 듣던 한 미국 할머니가 끼어든다.

“차를 타다니. 걸어야지! 난 60살이 넘었지만 단 한 번도 차를 타지 않았어. 단 한 번도. 이 길은 걸어서 가야만 의미가 있어.”

‘Never ever’라는 표현까지 써가며 버스를 타는 행위에 혐오감을 표출하는 그녀 덕분에 릴리의 얼굴이 일그러졌다.

사실 산티아고 순례길을 ‘걸어서 완주하느냐, 아니냐.’는 오래된 논쟁이다. 산티아고 순례길은 무조건 걸어야 한다고, 심지어 배낭을 보내는 서비스도 이용하면 안 된다는 사람들이 있다. 심지어 이 할머니처럼 자신의 주장에 너무나 확신이 있는 나머지 다른 사람에게 훈계를 시전하는 경우도 있다. 이런 타입들이 즐겨 쓰는 말은 ‘속임수(cheating)’이다. 버스를 타거나, 배낭을 미리 보내는 건 속임수라는 거다.

뭘 또 굳이 그렇게까지 하나 싶다. 일단 꼭 걸어야 한다는 말에 동의하지 않는다. 생각해보라. 이 길에 순례자가 넘쳤을 중세에는 왕족이나 귀족은 말을 타고 순례했을 것이다. 걸어서 순례하는 이는 우리처럼 가난한 평민들이었을 거다.

어차피 누가 시켜서도 아니고 자기가 좋아서 걷는 순례길이다. 각자 자신에게 맞는 방식으로 산티아고까지 가면 되는 것이다. ‘순례의 의미가 육체적 고난에 있다면, 오체투지나 삼보일배로 가보시라.’는 말이 나오는 걸 꿀꺽 참았다. 굳이 이 할머니와 말다툼을 할 필요는 없다. 릴리의 표정은 더더욱 가라앉았다.

우리는 레온에 도착해서 도시 관광을 즐겼다. 그리고 다음날, 다비드와 헤어졌다. 그는 회사로 돌아가는 날이 정해져 있어서 조금 더 빨리 완주를 해야 하는 상황이었다. 레온성당 앞에서 다비드와 나는 마지막 인사를 나누었다. 이 작은 가족의 구심점이었던 그였다. 그는 어스름한 새벽 속으로 떠나는 마지막 순간까지도 "아이 러브 유!"를 외치며 사라졌다. 나 역시 두 팔을 휘저으며 힘차게 "땡큐!"를 외쳤다.

릴리와 나는 오후에 떠나기로 했다. 나는 머플러와 폴라폴리스 상의를 샀다. 날씨가 점점 추워지고 있었다. 이 복장으로 끝까지 버틸 수 있어야 할 텐데. 시내에서 릴리를 만나자 그녀는 여전히 어두운 표정이었다. 그리고 결국 그녀의 입에서 예상치 못했던 말이 나왔다.

"이제 걷는 건 충분하다고 생각해."

그녀는 내가 옷을 사는 동안 레온역에서 기차표를 샀다고 했다. 여기서 기차를 타고 사리아까지 가서 그곳에서 마저 걸을 거라고 했다. 사리아는 산티아고를 100km 남긴 지점이다. 다비드는 떠났지만 나머지 멤버들은 산티아고까지 함께 갈 거라고 생각했기에 조금 충격이었다. 그녀는 계속 연락을 남기겠다는 말을 남겼다. 하지만 곧 단체 채팅방에서도 사라져버렸다. 이렇게 작고 단란했던 가정은 다비드와 릴리가 사라짐으로써 깨지고 말았다.

당나귀와 함께 순례하는 순례자. 걷거나 자전거를 타는 순례자가 대부분이었지만
가끔 개, 당나귀와 여행하거나 말을 타고 다니는 순례자도 있었다.

레온 대성당. 13세기에 지어진 스테인드글라스가 아름답다.

15
“잘못된 이정표”

선한 인도자

여행을 많이 했지만, 사실은 길치다. 가장 큰 문제는 지도를 못 읽는 거다. 그래도 여태껏 큰 곤란은 없었다. 신은 내게 지도를 읽는 능력은 주지 않았지만, 대신 얼굴에 깔 수 있는 철판을 주셨기 때문이다. 어딜 가도 낯선 사람들에게 길을 잘 물어보는 편이다. 언어가 안통해도 상관없다. 손가락이 가리키는 방향 끝까지 가서 다른 사람 잡고 또 물어보면 되니까.

처음 산티아고 순례길을 걷기 시작하며, 최소한 여기선 길 잃을 염려는 없겠다고 생각했다. 어딜 가도 다른 순례객들이 있고 노란 화살표와 하얀 조개껍질이 방향을 표시하고 있기 때문이다. 그럼에도 불구하고 자주 길을 잃곤 했다. 걷다 보면 어느새 화살표가 안보일 때가 있다.

일단 스스로 길을 잃었음을 인식했을 때는 마지막으로 노란 화살표를 본 곳까지 이동해서 다시 움직이는 편이 낫다. 문제는 길을 잃은지도 모르고 그냥 가고 있을 때다. 길치들의 특징이 잘못된 길을 확신 있게 간다는 거다.

다행인 건 그럴 때마다 누군가 나를 올바른 길로 인도해 주었다. 한번은 한참 걷고 있는데, 저 멀리서 누가 외치는 소리가 들렸다. 설마 나를 부르는 건가 싶어서 뒤돌아보니, 현지인이 나를 향해 스페인어로 뭘 묻고 있었다.

"블라블라블라 카미노(Camino)?"

순례길을 뜻하는 현지어 카미노만 알아듣고 격하게 고개를 끄덕이자, 그는 내가 가는 방향 반대길을 가리킨다. 아, 혼자 엉뚱한 산을 넘을 뻔했다. 그런 일이 세 번 정도 반복되자 학습능력이 생겼다.

길을 걷다가 주변에 사람이 없고 화살표도 없으면 다른 순례자가 올 때까지 좀 기다려본다. 이 길을 매년 23만 명이 걷는데, 아무도 안 오면 내가 잘못 가고 있는 거다. 그럼 마지막 화살표를 본 지점까지 되돌아가서 다시 시작한다.

그리고 가급적 다른 사람들이 다니는 시간대에 걷도록 해야 한다. 아무도 없는 길을 걷는 건 당연히 위험하다. 대부분의 사람들은 아침 일찍부터 걷기 시작하기에 혼자 너무 늦게 출발하는 건 피하는 편이 좋다.

하지만 순례 23일차의 오후 1시, 나는 혼자 레온을 떠나 비야당고스 델 파라모(Villadangos del Paramo)를 향해 출발했다. 다른 친구들은 아침 일찍 떠났고, 함께 가기로 한 릴리는 갑자기 더 이상 걷지 않고 기차를 타겠다고 선언했던 터였다.

레온 시를 빠져나가는데도 시간이 꽤 걸렸다. 주변의 위성도시를 통과하자 길이 헷갈리기 시작한다. 갈림길을 두고 어디로 가야 하나 싶어서 한참을 서있었다. 오후 시간이다 보니 다른 순례자들이 보이지 않았다. 난감해하고 있는데 저 멀리서 다른 순례자가 걸어오는 게 보였다. 길을 걸으며 한두 번 얼굴을 본 기억이 있는 사람이다. 물어보니 이 방향이 맞다 한다.

길은 줄곧 도로를 따라 걷는 지루한 코스다. 그런데 중간에 길은 차도 옆을 벗어나 터널로 이어졌다. 앞서 간 그는 보이지 않는다. 분명히 노란 화살표는 여기로 향해있긴 하지만 터널이 꽤 어두워서 들어가기가 망설여진다. 그런데 터널 저쪽 끝에 아까 마주친 그가 빼꼼히 고개를 내민다. 손동작으로 그쪽으로 가는 거냐고 묻자, 그는 OK 사인을 한다.

터널을 지나자 그는 또 보이지 않는다. 저쪽 길 끝에 그가 보였다. 길 위에는 그와 나뿐이다. 그는 앞서서 걷다가 내가 오는 것을 확인하고 다시 걷

노란 화살표만 따라가면 되는데 그걸 못한다.

곤 했다. 내가 안 보일 때는 한참을 기다리고 있는 듯했다. 내가 나타나면 그는 멀리서 손을 들어 보이고 다시 걷기 시작했다.

그렇게 마을에 도착할 때까지 그는 나를 인도했다. 알베르게에 도착하자 오후 6시. 기진맥진해서 들어가자 먼저 와있던 지블란과 미첼이 깜짝 놀란다.

"너 혼자 온 거야? 릴리는?"

릴리가 기차를 타고 떠났다는 이야기를 전해줬다.

"그래서 여태 혼자 걸어온 거야?"

"아니, 방금 전까지 누구 있었는데…."

그에게 고마움을 표하기 위해 찾아보았지만 그는 보이지 않았다. 발가락 양말 천사에 이어 또 다른 천사였나 보다.

잘못된 이정표

아스토르가(Astorga)로 향하는 날, 아침에 지블란이 오더니 말한다.

"아스토르가 근처에서는 꼭 사람들하고 같이 움직이도록 해."

"왜?"

"거기가 얼마 전 사고 났던 데야."

얼마 전 사고…. 2015년 4월 산티아고를 순례하던 미국인 여성이 실종 5개월 만에 시신으로 발견됐다. 그녀는 아스토르가에서 8km 떨어진 인근 마을의 외딴 농장에서 살해당했다. 범인은 노란 페인트를 사용해 순례자가 자신의 농장에 오도록 화살표를 그려 넣었다고 한다. 이른 아침 아스토르가를 떠난 그녀는 홀로 1시간을 걸었고, 잘못된 이정표인지도 모르고 그의 농장까지 걸어갔을 것이다.

가끔 순례자들은 낮은 목소리로 우려 섞인 말들을 주고받았다. 그 이야기를 듣는데 착잡하다. 나 같은 길치가 당하기 딱 좋은 함정이었다. 새삼 운 좋게 다니고 있다는 실감이 났다.

순례객들이 늘어나면서 자연스럽게 사건 사고도 늘어나는 추세다. 2015년 1월, 한 한국 순례자가 산티아고 근처에서 권총강도를 만난 일도 있었다. 불행 중 다행으로 크게 다친 곳 없이 배낭만 빼앗기고 끝났다고 한다.

눈앞의 권총에도 당황하지 않고 침착하게 대처한 결과였다고 들었다. 정말 천운이 아닐 수 없다.

산티아고 순례길뿐 아니라, 어딜 여행하든 남녀를 불문하고 지켜야 할 수칙이 있다. 가능한 남들이 다니는 시간대에 다녀야 하고, 늘 앞뒤로 도움을 받을 수 있는 사람이 있는지 살펴야 한다. 그리고 문제 상황이 발생했을 경우, 당황하지 않는 것이 중요하다. 가진 돈만 원하는 경우가 많기 때문이다.

이런 위험에도 불구하고 우리는 왜 낯선 곳으로 떠나는 걸까. 여행의 매력은 우리는 여행을 하며 아이로 돌아갈 수 있다는 거다. 매사에 무감각한 어른의 탈을 벗고, 다시 아이의 눈으로 돌아가 새로운 것을 발견하고 즐거워 할 수 있는 것이다. 우리를 여행으로 이끄는 것은 그 짜릿함이 아닐까. 하지만, 달리 생각하면 그 즐거움을 위해 낯선 곳을 선택한 만큼, 여행지에서 여행자는 아이만큼 무지하고 나약해질 수밖에 없다. 이것이 우리가 자주 간과하는 여행의 이면이다.

이미 한번 한 이야기지만 길이 성스럽다고 이 길의 모든 사람이 성스러운 건 아니다. 변태가 있을 수도 있고, 강도가 있을 수도 있고, 좀도둑이 있을 수도 있다. 때문에 자신의 행동반경을 벗어나 낯선 곳에 갈 때는 늘 기억해 두어야 한다. 방심은 금물이라는 것을.

그녀는 결국 산티아고에 닿을 수 없었다

오스삐딸 데 오르비고(Hospital de Orbigo)에는 13세기에 만들어진 긴 다

오스삐딸 데 오르비고의 다리에서 사랑을 증명하기 위한 결투가 벌어졌다.

리가 있다. 1434년 레온 출신의 한 기사가 여인에게 사랑고백을 했으나 별 성과가 없었다 한다. 그는 그녀를 여전히 사랑한다는 표시로 이 다리를 지나는 기사들에게 창 시합 도전장을 내밀었다. 그는 300개의 창이 부러질 때까지 싸워 승리하고 용맹한 기사가 되어 실연의 트라우마를 극복할 수 있었다. 싸움에 진 기사들은 순례자들을 보호하는 임무를 맡았다고 한다.

이 다리를 끝으로 길은 두 갈래로 나뉜다. 한쪽 길은 1km 정도 짧지만 마을 끝 도로를 따라가고, 다른 길은 조금 돌아가지만 경치가 아름다운 산길이다. 산길을 선택해 걷기 시작했다. 슬슬 지쳐가고 목도 마를 무렵, 크레파스로 무지개가 그려진 특이한 간판을 하나 만났다. '신의 집(House of God)'이라고 적혀있었다.

신의 집이라…. 설마 이 길로 가면 거기(?)로 가는 건가. 벌써 내가 거기에 갈 때가 되었나. 별의별 상념이 다 스친다. 의문을 느끼며 오르막을 다 오르니 가판대가 있다. 산티아고 길에는 이렇게 기부금을 내고 음료나 간단한 음식을 제공하는 가판대가 곳곳에 있다. 그 가판대의 주인공은 딱 봐도 히피 같아 보이는 두 사람이다. 수지와 데이비드 커플이었다.

7년 전 브라질에서 온 데이비드, 이혼을 하고 설상가상 회사까지 망했다고 한다. 그때 구원이 되어준 것은 바로 이 길, 산티아고였다. 그는 이곳에 정착해 오가는 순례자들에게 봉사를 하며 지내기 시작한다. 그리고 호주에서 온 수지, 그녀는 3개월 전 이곳에 와서 길을 걷기 시작했다. 그리고 이곳에서 데이비드를 만나 사랑에 빠졌다. 그녀는 결국 산티아고에 가지 못했다고 한다.

아아, 내 꿈이 저렇게 이루어지다니. 나는 아무리 찾아도 사랑에 빠질 남자가 안보이던데. 굳이 산티아고까지 안가고 싶은 건 나인데…. 절망스럽다. 늘 괜찮은 남자가 나타나면 언제든지 손잡고 이 길을 내려가 바르셀로나로 떠나겠다고 외쳤지만, 어느새 산티아고 도착이 대략 열흘 앞으로 가까워진 터였다.

평원 너머로 우뚝 솟은 아스토르가 대성당이 보인다. 중세에 길을 걷던 사람들도 힘들고 지쳤을 때 저 멀리 보이는 성당의 존재에 안도감이 들었을 거다. 아스토르가에는 이 산타마리아 대성당과 안토니오 가우디가 지은 주교관(Palacio Episco-Pal)이 있다. 가우디의 천재성을 믿어주던 주교가 죽고 나자, 건물은 애초 가우디의 설계와는 많이 달라진 채로 완공되었다고 한다. 지금 주교관은 카미노 박물관으로 사용된다.

다음날, 아스토르가를 떠나며 생각했다. 이 길의 모두가 산티아고를 향해 걷지만, 모두가 산티아고까지 갈 수 있는 것은 아니다. 건강의 이유나 부득이한 상황으로 중도에 포기하는 사람도 많다. 뿐만 아니라 우리는 길을 걷는 동안 다양한 사람을 만나고 그들의 영향을 받는다. 그 인연은 우리를 멈추게 하기도 하고, 계속 걷게 하기도 한다.

이 형형색색의 간판을 따라가면
수지와 데이비드 커플을 만날 수 있다.

다행히 내가 만났던 사람들은 산티아고로 가는 길을 잃지 않도록 도와준 선한 인도자들이었다. 하지만 이 길에는 산티아고로 가는 길을 방해하는 악인도 있다. 그리고 사랑하는 사람을 만나 산티아고로 가는 것을 멈추게 된 경우도 있다. 이렇게 길 위에서 누굴 만나느냐에 따라 여행자의 도착점은 달라진다. 오늘 나의 무사한 하루는 내가 만난 수많은 선한 인연들로 이루어진 결과였다.

16

“우리가 사랑하는 이유”

나를 찾아줘

10월 중순이 넘어서자 점점 추워진다. 침낭을 뒤집어쓰고 자지만, 아침에 일어나면 쪼그리고 잤는지 허리가 굳어있었다. 길을 나서면 풀 위에 앉은 하얀 서리가 아침 햇살에 빛나는 것을 볼 수 있었다. 제일 먼저 눈에 띈 카페에 들어가서 카페콘레체를 사서 등산용 컵에 담았다. 날은 춥지만 그럴수록 따뜻한 커피는 맛있어졌다.

길을 걷다 보면 사람들이 남겨놓은 메시지가 있다. 뒤따라오는 사람들에게 남기는 메시지다. 로그로뇨에서 헤어졌던 한국 순례자 수영에게 들은 이야기를 떠올렸다. 그녀가 전해준 이야기는 브라질에서 온 에릭의 러브스토리였다. 그는 첫 번째 산티아고 순례길에서 운명적인 만남을 겪고, 이번이 두 번째 순례길이라고 했다.

그는 첫 순례길에서 한 헝가리 여성을 만났다. 한눈에 반한 그들은 마주칠 때마다 서로에게 미소를 지었다. 그러다 그날의 목적지에 도착하자 그들은 아무 말 없이 포옹하고 내일 다시 만나자고 헤어졌다고 한다. 하지만

그 후 그녀와는 계속 엇갈리고 말았다. 그렇게 그녀를 찾던 어느 날, 길 위에서 쪽지를 발견했다. 그녀의 메시지였다. 다음 마을에서 이틀간 머물 테니 찾아오라는. 그렇게 둘은 다시 만나 산티아고까지 함께 걸었다고 한다. 물론 그 이후 둘은 헤어졌고 에릭은 지금 새 여자 친구와 이 길을 걷고 있다. 원래 원거리연애라는 게 잘되기가 힘든 법이다.

하지만 아무리 길 위에 남겨진 메시지들을 찾아봐도 나를 찾는 로맨틱한 메시지는 없었다. 대신 3일 정도 앞서 걷고 있는 다비드의 메시지는 찾을 수 있었다. 그는 우리 일행들의 사진을 출력해 전봇대에 붙여놓고 크게 '현상수배! 미친 순례자들'이라고 적어 놨다. 나는 전봇대 앞에서 허리에 손을 얹고 어이없는 웃음을 지을 수밖에 없었다. 이러니까 내 인생에 로맨스가 없지….

"현상수배! 미친 순례자들!" 다비드로부터

철의 십자가에 두고간
누군가의 인생들

이제 길은 점점 오르막길로 접어든다. 라바날 델 카미노(Rabanal de Camino)의 공립 알베르게에 묵었다. 하지만 아침에 쫓겨나듯이 알베르게에서 나와야 했다. 독일 출신의 깐깐한 호스피탈레로는 8시에는 무조건 알베르게를 비우게 했다. 대체 1분이라도 지나면 폭탄이라도 터지는 건지…. 우리는 투덜거리며 나섰다. 겨울이 다가오고 있었다. 아침 8시지만 여전히 어둡다. 등 뒤를 보니 불이 붙는 것처럼 해가 뜨고 있었다.

오늘 이곳에서는 레온 산 해발 1,500미터의 고지를 넘는다. 이 산에는 라 크루즈 데 이에로(La Cruz de Hierro)라는 철 십자가가 세워져 있다. 과거 이 지역은 켈트족이 살았다고 한다. 이들은 산을 넘을 때마다 돌을 놔두며 산신에게 감사하고 산을 안전하게 통과할 수 있도록 빌었다고 한다.

이 풍습은 오늘날 다르게 변했다. 사람들은 자신이 살던 곳에서 돌을 가져와 이 철 십자가 주변에 놓는다. 그렇게 하면 자신의 짐과 죄에서 해방될 수 있다고 한다. 그 주변에는 돌뿐 아니라 사람들이 가져온 다양한 물건과 메시지로 가득했다.

사실 길을 떠나기 전에 이 이야기를 듣고 멋지다고 생각했다. 나도 이 낭만적인 속죄의 풍습에 동참해볼까 생각했지만, 한 가이드북을 보다가 포기했다. 거기에는 그 돌이 자신이 지은 죄만큼 커야 한다고 적혀있었다. 아니, 그럼 대체 얼마나 큰 걸 지고 다녀야 한다는 말인가.

그것보다 내 짐과 죄라면 내가 지은 흑역사일 텐데, 여기다 내려놓고 올 성격의 것들이 아니다. 평생 껴안고 가면서 두 번 다시 일어나지 않도록 두고두고 되새겨야 한다. 역사가 중요한 이유는 배울 게 있어서다. 개인의 역사도 마찬가지다. 우리는 가끔 과거를 회상하며 '지금 알고 있는 것을 그때도 알았으면 얼마나 좋았을까.'라며 아쉬워 하지만 지금 아는 걸 그때도 알았으면, 지금은 아무 의미가 없어질 것이다. 그때의 무지는 지금의 깨달음을 위해서가 아닐까.

철 십자가를 지나 미첼과 만났다. 언제나 진지한 얼굴의 미첼, 그는 자신의 고향 근처인 이탈리아 베니스에서 출발하여 1년 4개월째 걷는 중이었다. 그는 남의 집 헛간에서 잠을 자기도 하고, 대부분의 요리는 코펠과 버너로 직접 해먹었다. 솔직히 겉모습만 보면 그냥 이탈리안 홈리스였다. 그가 1년 4개월을 걷는 동안 달라진 것은 무엇보다 자신감이라고 한다.

"대학에서는 내가 똥덩어리라고 생각했는데, 막상 길을 떠나서 살아보니 나는 생각보다 많은 것을 할 수 있는 사람이었어. 적은 돈으로도 살아갈 수 있고. 그래서 일단 살기 위해 많은 돈을 벌어야한다는 생각부터 버리게 되었지."

실제로 그는 많은 일을 할 수 있었다. 우리 사이에서 그의 별명은 '지저스'였다. 덥수룩한 수염이 주는 인상도 그랬고, 무엇보다 최소한의 재료만으로도 많은 사람이 먹을 수 있는 맛있는 요리를 만들 수 있었다. 저녁마다 오병이어(五餠二魚)의 기적이라며 우리는 감탄하곤 했다. 내겐 순례길에서 두 번째로 만난 '지저스'인 셈이다.

그는 요리뿐 아니라 기타도 연주할 줄 알고, 간단한 마사지도 가능했다. 이탈리아에서 그가 하던 일은 물리치료사였다고 한다. 한번은 다리 근육이 살짝 비틀렸는지 조금 절뚝거리면서 걷고 있었다. 그러자 그가 불러서 마사지를 해주었다. 나는 그의 손이 내 다리에 닿자마자 벌떡 일어서서 모두에게 외쳤다.

"내가 일어섰어. 내가 일어섰다고! 오 마이 지저쓰!"

우리는 가끔 그에게 생수병을 들이대며 와인으로 바꿔보라고 장난을 치기도 했다. 그렇게 모두에게 사랑을 실천하며 '지저스'로 불리는 미첼, 그도 자신의 별명을 마음에 들어 하는 눈치였다. 그러나 이런 그도 사랑의 고민에서 벗어날 순 없나보다. 그는 철 십자가에 전 여자 친구의 머리끈을 놓고 왔다고 했다.

"그녀를 못 잊어서? 안 좋게 헤어졌어?"

"그런 건 아니지만, 사랑이라는 감정에 속박당하고 싶지 않아서."

사랑이라는 감정에 매달렸던 자기 자신과의 결별이라는 것이다. 이 친구는 1년 4개월을 걷더니 이대로 출가라도 할 기세다.

우리는 사랑에 대해 좀 더 이야기를 나눴다. 그는 인류가 사랑을 하는 것은 아기가 귀여운 것과 마찬가지라는 주장을 폈다. 실제로 아기의 토실토실한 볼살과 오동통한 엉덩이는 어른들의 도움을 받아 살아남기 위한 생존 전략이라는 학설이 있다. 종의 보존을 위해 아이는 귀여운 방향으로 발달되었다는 거다. 미첼은 사랑도 마찬가지라고 말했다.

"인간이 사랑을 느끼는 생명체인 것은 우리가 약하기 때문일 거야. 인류는 서로 사랑을 하고 협력을 하지 않으면 생존할 수 없었기 때문에 사랑을 더욱 잘 느끼도록 진화된 거지."

"그럼 그것도 인류의 위대한 능력 중 하나겠네. 그렇다면 인류가 계속 살아남기 위해선 사랑을 좀 더 잘 느끼도록 해야 하지 않을까."

그리고 나는 웃으면서 덧붙였다.

"그러니까 전 여자 친구의 머리끈 같은 건 버리지 말고 말이야."

하지만 미첼은 단호한 표정으로 말했다.

"사랑은 중요한 능력이기 때문에 큰 책임이 뒤따르는 거야. 그러니 이 감정을 잘 쓰기 위해선 잘 컨트롤할 수 있어야 한다고 생각해. 때문에 집착하거나 속박당해서는 안되지."

아아, 저 진지함이라니…. '큰 힘에는 큰 책임이 따른다.'는 영화 「스파이더맨」의 대사가 떠오른다. 세상 모두가 미첼과 같은 마음으로 사랑한다면 얼마나 좋을까. 그럼 짝사랑으로 가슴 아플 일도, 상대의 잘못된 집착으로 고통을 받는 일도 없게 되겠지. 아마 인류 진화의 최고봉은 수련으로 사랑에 대한 내공을 기르고, 필요한 순간에 장풍처럼 쏠 수 있는 단계가 될 것이다. 부디 그런 날이 오게 되길 바랄 뿐이다.

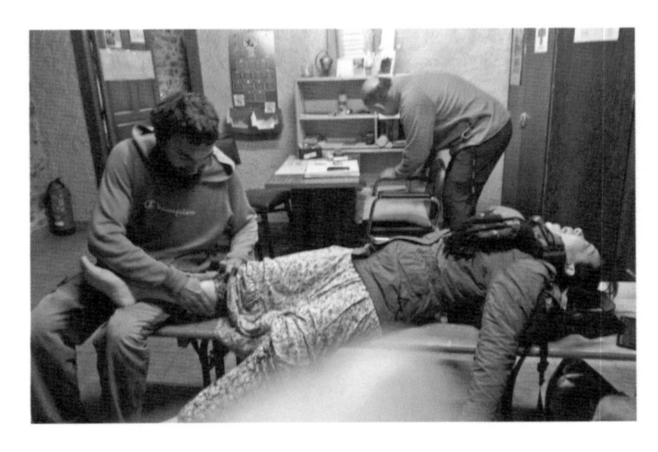

병든 자(나)를 고치는 미첼의 모습

템플 기사단 옷을 입고 있는 만하린의 운영자 토마스

이 길에 서려있는 에너지

철 십자가에서 10km 정도 내려가면 만하린(Manjarin)이라는 마을이 나온다. 이곳에는 버려진 마을의 옛 병원을 개조한 알베르게가 하나 있다. 중세의 수도원처럼 전기도 없고 씻을 물도 없다. 심지어 화장실도 재래식이다.

이곳을 운영하는 호스피탈레로 토마스는 어느 날 카미노를 여행하다가 꿈을 꿨다고 한다. 이곳에 순례자를 위한 쉼터를 세우라는 계시였다. 그는 템플기사단 소속이라고 한다. 템플기사단은 중세 때 설립된 서방 교회의 기사 수도회인데, 아직도 그 가르침을 이어받는 이들이 있다고 한다.

이 이야기를 해준 것은 스페인의 말라가에서 온 초르키였다. 그는 이곳에서 린다라는 개와 함께 차를 마시고 있었다. 그 둘은 자전거로 순례 중이었

자전거로 여행 중인 순례자와 개

는데, 이 똑똑한 개는 자전거가 달릴 때 매달린 수레에 가만히 앉아있었다.

초르키와 함께 여행이야기를 했다. 그는 인도의 라다크나 네팔의 히말라야에서도 트레킹을 했고, 산티아고 순례길은 이번이 세 번째라고 했다. 걷다 보면 이 순례길을 몇 번씩 여행하고 있는 사람들을 만날 수 있었다. 대체 산티아고에는 어떤 매력이 있기에 사람들은 반복해서 이 길을 걷는 걸까?

"에너지 때문이야. 이 길은 기독교가 이 땅에 오기 전부터 성지였어. 이

루트를 따라 특별한 에너지가 흐르고 있거든."

초르키의 설명에 따르면 이 길의 에너지 때문에 고대 켈트족뿐 아니라 동물들이나 철새들도 이 길로 모여들었다고 한다. 이런 맑은 기운이 이 루트를 성지로 만들었고, 지금은 가톨릭교도가 아닌 이들까지 이곳을 걷는다는 게 그의 주장이다.

"육체적인 한계를 극복하고 도전에 나선 사람은 깊은 영혼을 지니게 되지. 특히 네팔의 히말라야나 인도의 라다크, 산티아고 순례길…. 이렇게 특별한 에너지가 있는 장소에 가는 것은 그 사람의 인생에 밝음과 직관을 가져다주는 중요한 이벤트야."

알쏭달쏭한 이야기를 듣고 있는데, 정말 중세의 템플기사단 복장을 한 토마스가 등장했다. 나는 전기충격이라도 받은 양 펄쩍 뛰어올랐다. 세상에,

영화에 나오는 복장과 똑같다! 그에게 부탁해 인증샷을 찍었다.

"산티아고에 도착하면 묵시아에 가도록 해. 사람들은 피니스테라에 가지만, 그것은 지도상의 끝일 뿐이야. 이 땅에 흐르고 있는 고결한 에너지는 사실 묵시아로 통하거든."

초르키의 당부를 듣고 산을 내려왔다. 아래 마을에서 친구들을 만나 진짜 템플기사단을 만났다고 자랑하며 사진을 보여줬다. 내 눈엔 보이지도 않고 느껴지지도 않아 뜬구름 잡는 소리 같기만 한 믿음이지만, 세상엔 이렇게 자신의 믿음에 확신을 가지고 실천하며 사는 사람들이 있었다.

설명할 순 없지만 이따금씩 모든 것은 이어져 있다는 생각이 들 때가 있다.

17
“저를 롤라라고 불러주세요”

새로운 이름이 생겼다. 롤라(Lola)라는 이름이다. 시작은 카스트로헤리스에서 묵었던 레스티의 알베르게에서였다. 호스피탈레로는 나만 마주치면 정중히 허리를 굽혀 인사하며 "마리아 돌로레스(Maria Dolores)"라고 불렀다. 영문은 모르겠지만 나 역시 치마를 살짝 들어 인사를 받았다. "네, 아저씨(Sí, Señor)." 그때부터 내 별명은 '마리아 돌로레스'였다.

그리고 엘 아세보(El Acebo)에 도착했을 때였다. 친구들이 날 소개하며 "얘는 마리아 돌로레스야."라고 하자 호스피탈레로 페트로와 마욜란은 웃음을 터트렸다. 그리고 둘이 빠른 템포로 박수를 치며 노래를 부르기 시작했다.

"No me llames Dolores llamame Lola(나를 돌로레스라고 부르지 마세요, 롤라라고 부르세요)."

이 플라멩코 리듬의 노래 제목은 '나를 돌로레스가 아닌 롤라라고 불러주세요'다. '돌로레스'라는 이름의 뜻은 '통고의 성모', 성모마리아의 7가지 고통을 상징한다고 한다. 이름의 의미가 무겁다보니 애칭이 주로 사용되는데, 어렸을 땐 '롤리타', 커서는 '롤라'라는 이름이 쓰인다고 한다. 그때부터 내 별명은 '롤라'로 바뀌었다.

엘 아세보를 나와 폰페라다로 향하는 길, 오래된 밤나무와 검은 지붕을 지닌 아기자기한 산동네를 지나는 길이다. 폰페라다 도착까지 6km 정도 남았을 때, 도로에서 누군가 날 향해 외쳤다.

"롤라!"

페트로와 마욜란이다. 그들은 차를 이용해 폰페라다로 가고 있던 차에 날 발견한 것이다. 페트로가 차를 가리키며 웃어 보인다. 나는 두말 않고 차를 탔다.

그렇게 남은 6km를 차로 이동했다. 순례를 시작한 지 28일째. 처음으로 타 본 차다. 자동차란 정말 좋은 거구나. 정말 감동했다. 이 좋은 걸 놔두고 왜 걷고 있는 건가 싶다. 숙소에 제일 먼저 도착해서 리셉션이 열리길 기다리고 있는데, 앞서 걷고 있던 친구들이 오더니 깜짝 놀란다.

"어떻게 된 거야?"

"날아서 왔어."

"언젠간 네가 뭔가 보여줄 거라고 생각했는데, 이거였구나."

지블란은 심각한 얼굴로 말했다.

"롤라, 네가 마법을 쓰는 건 잘 알겠는데 여기선 자제해 줘. 여기는 템플기사단의 요새가 있는 곳이라고. 마녀로 몰리면 화형 당할지도 몰라."

템플기사단의 요새, 이 요새는 산티아고로 향하는 순례자들을 보호하기 위해 1282년에 지어졌다. 나는 이 성의 사진을 본 순간부터 이곳에 오는 걸 기대했다. 동화 속에 나오는 듯한 완벽한 중세의 건축물이다. 무엇보다 템플기사단이라니! 난 그동안 접했던 영화나 책을 떠올렸다.

템플기사단은 십자군전쟁이 한창이던 시절, 예루살렘 순례자들을 보호하기 위해 결성되었다. 그러나 점점 커진 그들의 세력을 두려워한 필립 4세와 교회의 견제로 결국 그들은 화형에 처해지고 전 재산이 몰수되었다.

이 템플기사단에는 여러 신비로운 이야기가 전해진다. 그 중심엔 그들이 솔로몬의 신전 지하에서 찾았다는 보물이 있다. 보물의 정체는 성배, 혹은 성궤, UFO조각, 예수님이 입었던 성의 등 다양하게 구전된다. 덕분에 이 미스테리한 이야기는 소설이나 영화의 단골소재다. 움베르토 에코의 소설

『푸코의 진자』 나 댄 브라운의 소설이자 영화 『다빈치 코드』 등이 대표적이다.

템플기사단은 사라졌지만 아직도 매년 7월 보름달이 뜰 때면 템플기사단의 축제가 열린다고 한다. 이 신비로운 도시를 마지막으로 순례자들은 전체 순례길에서 두 번째 높은 산으로 향하게 된다. 산티아고로 향하는 마지막 고비다.

카미노의 마법

폰페라다의 알베르게에서였다. 늘 그렇듯 우리는 둘러 앉아 식사와 와인을 나누며 떠들썩한 저녁을 보내고 있었다. 그때 우리 옆에 앉아있던 프랑스 할머니 순례자 중 한 명이 갑자기 눈물을 흘리기 시작했다. 그녀의 친구가 우리에게 웃으며 설명했다

"다양한 국적의 너희들이 이렇게 화목하고 자연스럽게 어울리는 걸 보니 눈물이 난다는구나."

렌틸콩 스프에 넣은 소시지가 인원수에 맞게 돌아갈까를 세고 있던 우리는 머쓱해졌다. 현재 모인 인원은 페루, 미국, 한국, 브라질, 이탈리아, 리투아니아, 체코…. 다국적이긴 하다. 그런데 이게 대체 눈물을 흘릴 일인지 모르겠다.

순례길에서 눈물을 흘리는 사람은 많긴 하다. 하루 종일 몸을 움직여서인지 유난히 눈물까지 이르는 감정의 비등점이 낮은 편이다. 이런 변화에 대해 사람들은 '순례길의 마법'이라고 한다. 마법은 심심찮게 일어났다. 다음

날 27km를 걸어 비야프란카 델 비에르소(Villafranca del Bierzo)에 도착했을 때였다.

이 마을 입구의 이글레시아 데 산티아고 성당(Iglessia de Santiago)에는 이곳까지만 가도 산티아고에 도착한 것과 동일한 은혜를 입는다는 이야기가 전해진다. 교황이 몸이 아픈 사람을 위해 이 성당에 있는 용서의 문(Purta del Perdon)을 통과하면 죄 사함을 받을 수 있다고 선포했다고 한다.

성당을 지나 바로 보이는 숙소에 들어가자 미국인 토마스가 눈물을 흘리고 있었다. 이 70세가 가까운 미국 순례자는 평소에 인종차별적 태도와 언행이 예사였다. 뿐만 아니라 동유럽 여성들을 만나면 과하게 껴안고 뽀뽀를 한다든지 해서 나의 미움을 샀다. 같은 미국인 여성에게는 절대로 그렇게 못할 거면서…. 하지만 철의 정신력인 동유럽 여성들은 그냥 어깨만 으쓱하고 말 뿐이어서, 나도 그냥 얽히지 말자라고 생각하고 슬슬 피해 다녔다. 그런데 이 밉살맞은 노인이 모두의 앞에서 울고 있는 거였다.

이야기를 들어보니 마을에 거의 다 와서 토마스가 빗길에 크게 미끄러진 모양이다. 그런데 평소 그가 무시하던 체코, 페루, 한국 등 각 나라 사람들이 나서서 그를 도와주고 그의 가방을 숙소까지 옮겨주었다고 한다. 그 이야기를 하며 그는 눈물을 흘리고 있었던 것이다. “길 위의 모두가 자신을 도와주었다.”며. 울고 있는 토마스를 보며 친구들은 어깨만 으쓱했다. 인종차별도 녹인 순례길의 눈물…. 이거야말로 순례길의 마법이었다.

비야프란카 델 비에르소는 중세의 모습이 그대로 남아있는 아름다운 마을이다. 이곳은 한때 8개의 수도원과 6개의 순례자숙소가 있었을 만큼 큰 도시였다고 한다. 마을 산책을 하는데 카페에서 헨리에타가 날 부른다. 그녀는 짧은 머리에 깡마른 몸매의 전형적인 북유럽 할머니다. 오늘 축하할 일이 있으니 함께 축하해 달라고 날 부른 거였다.

동네 카페에 앉아 와인을 앞에 두고 그녀의 경사가 무엇인지 들었다. 오늘 그녀의 남편이 마라톤대회에 나가서 42.195km를 완주했다고 한다. 그는 올해 74세라고 했다.

"나는 이 나이에 산티아고를 걷고 있고, 그는 마라톤을 완주했지. 둘 다 자신의 선택에 만족하고 있는 중이야."

나는 도전을 포기하지 않는 그들 부부를 위해 건배했다. 그녀는 덴마크에서 태어났지만, 독일인 남편을 만나서 현재 독일에서 살고 있다. 40세가 넘어서 그를 만나고 아이를 가졌다고 한다.

"다시 한 번 인생을 선택할 수 있다면 아마 남편과 결혼은 안할 거 같아. 하지만 아이는 낳을 거야. 결혼이 날 나은 사람으로 만들었다고는 말할 수는 없지만, 엄마가 되면서 난 좀 더 나은 사람이 될 수 있었거든."

그녀의 이야기를 들으며 난 지난 여행을 떠올렸다. 타지키스탄에서 나이가 비슷한 영국, 독일 여성과 만났다. 싱어송 라이터인 섬세한 영국 여성 조지아나와 화학자인 냉철한 독일 여성 트레이시. 우리는 모두 여행을 많이 했고, 싱글이라는 공통점이 있었다. 여자들끼리 모이면 하는 이야기는 보통 일, 연애, 결혼이다. 우리는 마음에 드는 데이트 상대 찾기가 얼마나 힘든지에 대한 한탄을 나누고, 결혼에 대한 압박감을 털어놓았다. 이 유럽 여성들은 결혼에 대해 진저리를 쳤다. 결혼을 해서 남은 일생을 보내기엔 시간이 아깝다는 이유였다.

"혼자 살기에 충분한 수입이 있고, 베를린의 친구들 대부분은 싱글이야. 1년에 한 달 있는 휴가는 내가 원하는 곳을 여행할 수 있고. 지금 내 삶에 만족해."

"난 프리랜서 뮤지션이어서 수입은 불안정하지만 대신, 자유롭게 하고 싶은 일을 할 수 있어. 무엇보다 멍청하고 둔한 사람과 평생 함께 지내야 한다고 생각해봐. 싱글이 좋은 점은 관계에 구속되지 않아도 돼서야."

당시 우리 숙소에는 50대 영국 여행자가 있었는데, 그녀는 영국에서부터 바이크를 타고 파미르고원을 넘는 중이었다. 백발 머리를 짧게 자른 스타일리시한 그녀에게 우리는 존경의 시선을 보냈다. 그리고 나이가 들어도 저렇게 도전적인 여행을 하고 싶다는 이야기를 나누었다. 하지만 조지아나가 50대 여행자와 대화를 나누고는, 우리에게 놀라운 소식을 전해줬다.

"사실 그녀는 공허감을 느끼고 있대."

그리고 그녀는 "아마 아이가 없어서 공허한 것 같다."고 말했단다. 그녀를 동경하던 우리는 모두 큰 충격을 받았다. 사실 더 이상 남성만이 경제활동을 할 수 있는 사회가 아닌 이상, 독립적인 경제활동이 가능한 여성에게 결혼을 설득할 명분은 없다. 하지만 아이에 대해선 판단이 흐려지는 게 사실이었다. 우리는 모두 작고 사랑스런 생명체를 보듬고 지켜주며 살아가는 것에 대한 환상이 있었다. 사실 남자에 대해선 그동안 겪은 바가 있기에 딱히 환상이 끼어들 틈이 없었지만, 아이는 아직 겪지 않은 미지의 세계여서 더욱 그렇기도 했다. 이런 저런 이야기 끝에 트레이시가 결심한 듯 말했다.

"난 내가 진정 아이를 원할 때 어머니가 될 거야. 하지만 그렇더라도 결혼하지 않고 싱글맘이 될래."

조지아나도 말을 받았다.

"나도 마찬가지야. 결혼을 하느니 차라리 싱글맘이 되는 게 나아."

나는 잠시 문화적 충격을 받고 할 말을 잃었다. 사회보장제도가 잘되어 있는 유럽의 여성들은 이런 결정을 내리기도 하는구나…. 그들이 내 의견을 물어보기에 간신히 대답해줬다.

"나는 그렇게 용기 있고 대단한 여성은 못돼. 한국의 싱글맘을 둘러싼 환경은 너희들 나라와는 꽤 다르거든. 여성이 혼자 아이를 낳고 기른다면 많은 것을 포기해야 해. 난 아이를 좋아하긴 하지만 내 삶이 더 소중해."

헨리에타에게 그 여행에서 받은 여러 가지 충격을 털어놓자, 그녀는 그냥 웃기만 했다.

"그 50대 여성이 공허감을 느낀 건, 아이가 없어서가 아닐 거야. 원래 그 나이가 되면 누구든 공허감을 느끼게 되거든. 너 메노포즈(갱년기)라고 들어봤니?"

"헐, 그런 거예요?"

"아마 아이가 있으면 있는 대로 공허감을 느꼈을 거야. 나도 그랬거든."

우리 사회에서 모성애는 신성불가침의 영역이다. 사람들은 내게 더 나은 삶을 살기 위해 결혼을 하고, 더 나은 사람이 되기 위해서 아이를 가지라는 말을 한다. 가만히 들어보면 조언인 것 같지만 결국 "이대로 살다간 너는 불행해질 거야."라는 섬뜩한 말들이었다. 정말 그런 걸까. 아이를 낳지 않음으로써 그들 말대로 '여자로서 꼭 해봐야 할 경험'과 '여성이 가질 수 있는 최고의 기쁨', 그리고 '인생을 배울 수 있는 기회'를 포기하는 것이 되는

누군가 놓고 간 가을

걸까. 아이를 낳고 기른 것이 인생에서 최고의 선택이었다는 헨리에타에게 의견을 물어보았다. 하지만 뜻밖에도 그녀는 가만히 고개를 가로저었다.

"어제 프랑스 순례자가 우는 거 봤지? 너희는 그게 뭐 울 일인가 싶었겠지만, 사실 우리 때는 이런 걸 상상도 할 수 없었거든. 내가 젊었을 때는 오직 결혼과 출산만이 여자의 인생에서 '변화'라고 부를 수 있는 일이었어. 특히 출산은 여성이 존재를 인정받고 성취감을 느낄 수 있는 거의 유일한 기회였지. 하지만 지금 너희들은 아무렇지도 않게 세상을 여행하고 다양한 국적의 사람과 어울리잖아? 여행뿐 아니라 인생을 배울 수 있는 기회도 늘어나고 즐길 수 있는 기쁨과 성취도 다양해졌어. 이렇게 바뀐 세상에 우리가 살았던 방식만을 강요할 수는 없는 거야."

그리고 헨리에타는 짓궂게 덧붙였다.

"그리고 네가 뭘 하면서 살아도 어차피 갱년기가 오면 인생은 공허해지거든. 미리 걱정할 필요는 없어."

몰리나세카에서 만난 고양이

엘아세보에서 만난 다리가 3개인 개

18

“검을 찾아서”

순례길의 한국인

순례길을 걷기 시작한 초반의 기억이다. 누군가 뛰어와서 내게 말을 걸었다.

"안녕, 너는 어디에서 왔니?"

"음… 한국인인데?"

자기소개도 없이 다짜고짜 어디에서 왔냐고 묻는 그 때문에 살짝 얼굴을 찌푸리고 대답했다. 그러거나 말거나 그는 환호성을 지르며 자신의 친구들에게 뛰어갔다. "것 봐, 내 말이 맞지." 하는 소리가 들렸다. 내가 한국인인지 아닌지 일부러 알아보러 온 것이다. 나는 그들에게 다가가 물었다.

"그래, 너 한국인 처음 보니?"

"아니, 사실은 요 며칠 동안 한국인을 많이 봐서, 너도 한국인인지 궁금했어."

그게 그렇게 신기한 일인가 싶다. 하긴 처음 여행을 계획할 때도 스페인 친구한테 메시지가 왔다.

"오늘 내 친구들한테 네가 산티아고 순례길에 간다고 했거든. 근데 거기 한국인 되게 많대. 너 그거 알고 있었어?"

몰랐다. 난 그냥 거기에 '괜찮은 남자가 많다.'는 소리만 들었을 뿐. 며칠 후 그는 자신이 조사한 결과를 알려줬다.

"한국 작가가 산티아고 순례길에 대한 책을 썼는데, 그 책이 굉장히 유명해졌대. 그래서 산티아고로 가는 한국 사람이 많아진 거래."

그 친구는 친절히도 저자의 이름까지 조사해왔다. 김효선이라고 했다. 찾아보니 순례길을 8번이나 걸은 대선배님이셨다. 그 후, 순례길을 걸으

면서도 "이 길에 한국인이 왜 많은 거냐?"고 물어보는 외국 사람들을 자주 만날 수 있었다. 그들에게 '이 길의 한국인'은 꽤 흥미로운 탐구주제인가 보다.

실제로 산티아고 순례길에 한국인이 많긴 하다. 순례길의 동양인 중 한국인이 절대 다수를 차지하고 나머지는 싱가포르, 대만, 일본 등이다. 물론, 그래봤자 스페인인이나, 독일인, 이탈리아인에 비하면 압도적으로 적은 인원이다. 그럼에도, '한국인 많다.'라는 것이 화제가 되는 이유는 단 하나다.

천 년이 넘는 시간 동안, 이 순례길은 '백인들의 길'이었기 때문이다.

8세기, 갈리시아의 한 수도사가 야고보(산티아고)의 유해를 발견하고, 1189년 교황 알렉산더 3세가 산티아고 데 콤포스텔라를 성지로 선포했다. 그 후 많은 기독교인들이 죄를 감해준다는 칙령에 따라 이 길을 걸었다. 잊

피레네 산에서 아일랜드 국기를 흔드는 순례자, 어딜 가나 이런 사람 꼭 있다.

혔던 이 길은 1987년 교황 바오로 2세가 이곳을 방문하고, 또 파울로 코엘료가 소설 『순례자』를 출간하며 다시 사람들에게 유명해지기 시작했다. 미국 순례객들은 영화 「더 웨이」 이후 급격히 늘었다고 한다. 그렇게 이 길은 점점 종교를 넘어 힐링과 자아성찰의 길로 사랑받기 시작했다.

하지만 이때까지만 해도 순례길에 백인이 아닌 다른 인종이 나타나는 일은 거의 없었다. 사실 자기 자신을 찾는 일 외에는 아무런 생산성도 없는 길을 한 달 동안 걸을 수 있는 경제력을 지닌 민족은 이 지구상에 극히 소수다. 인도나 아이티, 에티오피아 사람들이 이 길을 걸으러 오진 않는다. 그러던 중 새천년에 들어서자 처음으로 군집을 이룬 새로운 인종이 나타났다. 이들이 바로 한국인인 것이다.

갈리시아 지방의 한 시골마을에서 뜻하지 않게 한국 라면을 만났다. 피터 판크(Peter Pank)라는 잡화점이었는데, 의아해서 주인인 윌리엄에게 물어봤다.

"이 시골에서 왜 한국음식을 파는 거예요?"

그러자 그는 펜을 가져와서 종이에 적어보였다.

"한국인이 많으니까. 2008년까지만 해도 이 길에 한국인은 거의 없었지. 2009년까지만 해도 18명인가 그랬어. 하지만 2010년을 지나 2014년에는 3,800명, 2015년엔 4,500명을 넘어섰어. 특히 겨울에 산티아고 순례길을 걷는 건 주로 한국인이야. 얼마나 파워풀한지 몰라."

"혹시 2010년에 한국에 무슨 일이 있었는지 아세요?"

"파울로 코엘료의 『순례자』가 한국에 출간됐지."

돌아와서 자료조사를 해보자, 디테일은 좀 다르긴 했다. 파울로 코엘료의 소설『순례자』는 2010년이 아니라 2006년에 출간되었다. 그리고 그가 적어준 숫자도 차이가 있었다. 한국순례자협회에 따르면(http://caminocorea.org) 2005년 14명에 불과했던 한국인 순례자의 수가 공식적으로 2007년에는 이미 일본을 추월해서 449명, 2008년에는 915명, 2012년에는 2,493명, 2013년에는 2,774명의 한국인이 이 길을 걸었다고 한다. 한국인은 순례길을 걷는 다양한 국적 중 12위를 차지하고 있었다. (1위 스페인, 2위 독일)

한국인 순례자 수가 늘어난 것에는 다양한 이유가 있었다. 파울로 코엘료의 『연금술사』, 『순례자』 등이 국내에서 인기를 끌고, 국내에서도 여행 작가 김효선, 김남희 등이 관련 에세이를 냈다. 또 산티아고 순례길을 모델로 한 제주 올레길이 생기면서 이 길은 더욱 유명해졌다고 한다.

국내에서 산티아고 순례길은 유명해졌지만, 서양인들에게 아직 한국인은 낯선 이민족의 출현이다. “한국의 국교가 가톨릭이냐?”고 묻는 이도 있었고 심지어는 “한국에는 순례길을 걸으면 대학입시에 유리하게 해준다는데 정말이냐?”고 물어보는 사람도 있었다. 어이없는 질문에 나는 일부러 이렇게 대답했다.

“물론이지. 산티아고 순례를 완료하고 나면 정부에서 보조금도 줘. 안 그러면 내가 이 길을 걸을 거 같아?”

그러자 그걸 또 곧이곧대로 믿는다. 아이고, 이 순진한 영혼들…. 결국 다시 불러서 한국인들도 너희와 같은 이유로 순례를 한다는 것을 설명해줬다. 물론 난 좀 다른 이유긴 했지만. 그리고 좀 골려주고 싶어서 이렇게 말해줬다.

“너 뉴스에서 중국인 6천 명이 니스에 왔던 거 봤지? 머지않아 이 길에도 중국인이 오기 시작할 텐데, 그렇게 되면 순례길에 한국인만 많던 지금이 그리워질걸? 그들이 오기 시작하면 800km 정도야 인간띠로 가뿐히 이을 수 있다고.”

검을 찾아서

순례 30일차, 어느새 10월 하순이다. 날씨는 아침저녁으로 춥고, 매일같이 비가 왔다. 갈리시아 지방은 비가 많이 오기로 유명하다. 대서양으로부터 불어오는 편서풍이 처음으로 산과 맞닥뜨리는 지역이기 때문이다.

문제는 내 우비다. 따로 아웃도어용 우비를 사지 않고 집에서 슈퍼 갈 때나 입는 빨간 바탕에 하얀 물방울무늬가 있는 일상용 우비를 가져왔다. 이 우중충한 날씨에 나만 너무 튄다. 튀는 게 문제가 아니라 비가 퍼붓는 산길을 몇 시간씩 걷는데, 이 우비는 제대로 된 기능을 못했다. 애초에 준비단계에서 '비가 오면 안 걸으면 되지.'라고 안일하게 생각했던 게 문제였다. 이미 갈리시아는 우기로 접어들어 비가 오지 않는 날이 거의 없었다.

비가 억수같이 오는 날 라파바(La Faba)로 향했다. 그나마 위안이었던 것은 갈리시아에는 밤이 지천이다. 비가 오고 힘든 상황이지만 산길을 걸으며 탱글탱글한 알밤 줍는 재미로 전진했다. 밤에는 다들 모여앉아 밤을 삶아 먹었다.

라파바에서 가파른 경사로를 5km 정도 걸으면 해발 1,330m의 오세브레이로(O Cebreiro)가 나온다. 산티아고로 향하는 여정의 마지막 고비다. 산등성이를 따라 구름이 내려오다 흩어지고, 고개를 넘으면 햇볕이 보이다가, 다시 안개 속으로 접어드는 등 변화무쌍한 날씨가 이어졌다. 안개 속을 계속 걷다 보니 꿈속인 듯싶다. 오세브레이로 마을 역시 안개에 휩싸여 있었다. 마을 입구에는 둥근 벽에 초가지붕을 한 고대 켈트인의 건물이 보인다. 사람이 아니라 요정이 살 것 같다.

이 마을의 산타마리아 성당에는 신비로운 이야기가 전해온다. 14세기의

어느 폭풍우 치는 날, 산 아래 가난한 농부가 미사에 참석하기 위해 산을 올랐다. 신부는 그가 빵과 포도주를 얻기 위해 온다고 생각해 그를 업신여겼다. 하지만 그 순간 성찬식에 쓸 빵은 살로, 포도주는 피로 변했다. 또한 이 기적을 보기 위해 성모상이 머리를 기울였다고 한다. 지금도 이 성당에는 이 살과 피가 유리병에 보관되어 있다고 전해진다. 뿐만 아니라 이 마을에는 최후의 만찬에서 쓰였다는 성배가 보관되어 있다는 이야기도 있다.

여러 신기한 이야기에 더하여 이곳은 소설 『순례자』에서 파울로 코엘료가 마스터의 검을 찾았던 곳이기도 하다. 『순례자』는 자신이 특별하다고 믿는 한 음반회사의 중역(파울로 코엘료)이 신비주의 의식의 검을 찾으러 떠나는 이야기다. 검을 찾음으로써 더욱 특별한 능력과 비밀을 가질 수 있으리라 믿던 그에게 인도자 페트루스는 전혀 다른 이야기를 했다. 이 길은 소수의 선택된 자가 아니라 모든 이의 것, 평범한 사람들의 것이라는 이야기다.

> 선택된 자들은 따로 있는 것이 아니고 "지금 내가 여기서 무엇을 하고 있는 거지?"라고 묻는 대신 마음속의 열정을 깨워줄 무언가를 실행하겠다고 결정을 내리는 사람이었고, 천국문의 열쇠는 열정을 쏟아 행하는 그 일 속에 있었다. 그렇게 사랑은 변화를 부르고 인간이 신에게 다가갈 수 있다는 것이었다.
>
> – 파울로 코엘료 『순례자』

'비범한 것은 평범한 사람들의 길 위에 존재한다는 것.' 소설 속 이 문장의 의미는 다음날 듣게 되었다. 여행자 모임의 한 친구가 자전거로 순례길을 여행 중이었다. 내가 한 달 동안 걸어왔던 길을 그는 자전거를 타고 단 열흘 만에 주파했다. 우리는 사모스에서 겨우 교차점을 만들 수 있었다. 그는 자전거를 타고 단기간에 이동하기에 걸어오는 사람들의 표정변화를 파노라마처럼 볼 수 있었다고 한다.

"순례길 초반에는 사람들이 진짜 죽을상을 하고 걸어요. '내가 왜 이 길을 걷고 있지?'라는 표정으로요. 하지만 중간이 넘어가면서부터 사람들 얼굴은 평화로워지기 시작해요. 낙오자가 많은지 인원수도 많이 줄어요. 그리고 목적지를 앞둔 지금은 사람들 표정이…."

"환희에 넘치나요?"

"아뇨, 독기에 넘쳐요. 눈빛이 형형한 게…."

순례길의 마지막에 다가갈수록 사람들의 표정은 밝아지고 눈빛은 더 강렬해진다고 한다. 그 이야기를 들으며 다시 한 번 소설 『순례자』를 떠올렸다. 오세브레이로에서 검의 비밀을 깨닫는 순간 그는 검을 찾을 수 있었다. 검의 비밀은 바로 검이라는 보상이 아니라 그 검으로 무엇을 할 것인가에 대한 동기였다. 그것을 위해 그는 모든 것을 버리고 길을 걷는 '선한 싸움'을 계속 해온 것이다. 검의 비밀을 깨달은 그가 신에게 했던 기도는 다음과 같았다.

"인간에게 가장 어려운 일은 자신이 힘을 지닐 수 있음을 깨닫는 것입니다."

가끔씩 던져지는 뜬금없는 질문 "어디서 왔니?" 가 아니라 "너도 한국인이니?"

19
"산티아고에 백허그를"

트리아카스텔라(Triacastela)에서 길은 두 갈래로 나뉜다. 한쪽 길은 사리아로 바로 가는 길이고, 한쪽 길은 사모스를 지나는 길이다. 사모스에는 6세기에 지어진 유럽에서 가장 큰 수도원 중의 하나인 대성당이 있다. 이곳에는 매일 저녁 7시 30분 미사에서 그레고리오 성가를 들을 수 있다.

성가는 단순한 곡조였다. 하지만 성당에 울려 퍼지는 음의 여운 속에서 마음이 편안해졌다. 복화술처럼 입술을 거의 움직이지 않고 부르는 이 노래가 깊은 울림을 주는 이유는 신앙적 확신이 주는 편안함일 것이다. 몇 년 전 부모님을 모시고 인도와 네팔의 불교 성지를 순례했을 때가 생각났다. 베트남, 미얀마, 일본, 중국 등 이국(異國)의 절에서 기도 소리를 듣고 있으면 어쩐지 세상의 진리에 한 발짝 다가선 기분이었다.

사모스로 오게 되면서 늘 붙어 다니던 친구들 무리와 떨어졌다. 사실 산티아고에 도착하기 전 혼자 있을 시간이 필요하기도 했다.

남자를 찾아 걷기 시작한 길. 늘 괜찮은 남자만 생기면 더 이상 걷지 않고 손잡고 바로 바르셀로나로 가겠다고 했지만 어느새 산티아고는 100km를 앞두고 있다. 착잡하다. 어쩌다 여기까지 걷게 되었을까. 어디서부터 잘못된 걸까. 섹시한 레깅스를 소화하지 못하고 면 원피스를 입었을 때부터였을까. 아니, 롭 아저씨가 준 발가락양말을 신기 시작했을 때부터였을까.

초반에 나 혼자 두근거렸던 다니엘, 아침저녁으로 "사랑한다." 외치기만 하고 떠났던 다비드, 내 다리를 치료해준 미첼…. 다 좋은 사람들이긴 했지만 나와 인연이 닿는 사람은 아니었다. 무엇보다 친구들이 늘어나면서 점점 뭉쳐서 다니기 시작하자 새로운 남자를 만날 일은 더더욱 없어졌다.

사실은 산티아고를 100km 남긴 사리아부터는 새로운 순례자들이 영입된다고 해서 조금 기대를 하긴 했다. 사리아에서부터 걸어도 순례완료증서가 주어지기 때문이다. 하지만 이미 한 달여를 걸어온 기존 순례자들과 새로운 순례자들이 어울리는 일은 잘 없었다. 일단 옷차림부터 이질감이 든다. 이쪽은 같은 옷을 한 달간 입어왔는데 뉴페이스들은 이제 막 아웃도어 잡지에서 나온 것 같기 때문이다.

아이레헤(Airexe)라는 작은 마을의 알베르게에서 묵게 되었다. 숙소에는 2층 침대들이 다닥다닥 붙어있다. 침대를 너무 가깝게 붙여놔서 옆 침대 사람과 동침하는 모양새다. 순간 머리가 복잡해진다. 옆에 여성이 아니고 남성이면 정말 어색할 거 같다. 아니면 지나치게 뚱뚱해서 침대를 넘어오면 어쩌지. 아, 제발 아는 얼굴이면 좋겠는데…. 하지만 친구들은 7km를 앞서있다.

걱정을 하며 짐정리를 하고 있는데 옆 침대에 누가 다가오는 기척이 들린다. 슬쩍 보니 스페인 순례자 로베르토 아저씨다. 그는 영어를 잘 못해 많은 이야기는 못했지만 곧잘 내게 먹을 걸 권해주곤 했다. 그를 통해 처음으로 올리브잼이 있다는 것을 알았다. 그 역시 나인 것을 확인하고 안도하는 눈치다.

만약 이 옆 침대에 그가 아니라 내 이상형의 남성이었으면 어땠을까. 하지만 지금까지로 미루어보아 아마 그런 일은 일어나기 힘들 것이다. 나는 한숨을 쉬고 침낭을 머리끝까지 끌어올리고 잠을 청했다. 산티아고까지 이제 3일 남았다.

500m의 상대성이론

아 브레아(A Brea)라는 작은 마을을 지나는데 여기서부터 산티아고까지 100km 남았다는 석주가 나왔다. 이 석주는 500m마다 서 있었다. 처음 이 석주를 발견했을 때는 반가웠지만 곧 고통으로 다가왔다. 그동안은 정신없이 걷다 보면 마을이 나오고, 그제야 몇 km를 걸었다는 것을 알 수 있었다. 하지만 이 석주가 생기고 나자 그제야 거리에 대한 감각이 생겼다. 500m는 꽤 먼 거리였다. 배낭을 메고 걷기엔.

한번은 걸으면서 옛 직장에서 있었던 일과 옛 직장상사와 그녀가 했던 심한 말과 왜 그때 제대로 받아쳐주지 못했는지에 대한 자기 환멸을 모두 떠올리며 걸었는데, 아까 봤던 석주에서 숫자는 80에서 80.5로만 바뀌어져 있었다. 장장 2년의 흑역사를 다 복기했는데, 현실에선 겨우 500m 전진한 거였다. 그럼 오늘 이 흑역사를 40번은 넘게 떠올려야 23km 너머의 목적지에 닿는다는 거 아닌가. 거리를 안다는 것은 잔인한 일이었다.

지겨움에 빠져서 느릿느릿 걷고 있는데, 순례 첫날 묵었던 오리손 산장에서 만났던 티에스와 마주쳤다. 그는 날 발견하고 놀란 눈치다.

"솔직히 우린 네가 계속 걸을 수 있을 거라고 생각하지 않았거든."

겨우 7km를 걷고 파김치가 되어 도착했던 내 상태를 생각하며 나도 고개를 끄덕였다. 그는 꽤 빨리 걷는 편이다. 조금 함께 걷다가 먼저 가라고 하자 그는 내 스틱을 뺏었다.

"여기에 의지하니까 빨리 못 걷지. 너 빨리 걸으려고 시도해본 적은 있어?"

당연히 없다.

"여기까지 걸어온 걸 보면 넌 할 수 있어. 날 따라와 봐."

그는 내 스틱을 들고 성큼성큼 앞서 걷기 시작했다. 군대가 행진하는 것처럼. 나는 별 수 없이 그를 따라 걷기 시작했다. 내 평소 걸음속도가 '하나- 둘- 하나- 둘-'의 리듬이라면 그와의 걸음은 '핫둘!핫둘!'이었다. 중간에 쉼터가 나왔다. 쉬고 싶지만 그가 멈추지 않았기에 눈이 동그래진 사람들을 스쳐 지나갔다. 오르막길이 나왔다. 역시 티에스는 속도를 늦추지 않았다. 오르막이 끝나고야 그는 내게 스틱을 돌려줬다. 힘든 운동을 끝냈을 때의 상쾌함이 찾아왔다.

"우리가 500m를 단숨에 주파한 거야. 것 봐. 하면 할 수 있잖아."

500m의 시간과 공간은 절대적으로 동일하지 않았다. 흑역사를 한번 통째로 되새기고도 100m가 남는 거리기도 하지만, 이렇게 순식간에 걸어서 지나쳐버릴 수 있는 거리기도 했다. 사실은 알고 있었다. 하려면 할 수 있

다는 것을. 고비가 생기면 보통은 '안 될 거야.'라는 생각부터 하게 되지만 솔직히 그건 하기 싫어서였다. 500m는 내가 어떤 마음가짐을 가지냐에 따라 달라질 수 있는 거리였던 것이다. 결국 그날 열심히 걸어서 7km 앞선 친구들을 따라잡았다. 포상은 친구들의 따뜻한 포옹과 멜리데(Melide)의 특산품인 문어요리(Polpo)였다.

산티아고에 도착하기 전날, 나와 친구들은 산타 이레나(Santa Irena)에서 묵기로 했다. 슈퍼마켓도 없는 작은 마을이었다. 각자 가방에 있는 식량들을 꺼내봤다. 쌀, 바게트빵, 치즈 등이 나왔다. 미첼은 길에서 누가 버린 반쯤 썩은 호박을 들고 왔다. 그리고 체코에서 온 페트라는 산에서 야생버섯을 따왔다. 야생버섯이라…. 이거 잘못 먹고 내일 지역신문에 실리면 어쩌냐고 걱정을 하자 미첼이 나를 안심시켰다.

"걱정 마. 그녀는 동유럽에서 왔어."

동유럽에서는 버섯채취가 일상이라고 했다. 과연 저 재료로 뭐가 만들어질까 했는데, 에블린은 훌륭한 버섯크림리조또를 만들어냈다. 인근 바에서 술만 사서 우리는 마지막 만찬을 즐겼다. 이제 산티아고까지는 20km 남았다.

산티아고로 향하는 날은 내 생일이었다. 우리는 아침 일찍 걷기 시작해 12시에 하는 정오미사에 참석하기로 했다. 출발시간은 아침 6시 반. 아직 어둡고 비가 내린다. 비가 와서 생긴 웅덩이를 피할 수 있게 서로에게 랜턴을 비춰주면서 걷기 시작했다. 계속해서 유칼립투스 숲속을 지났다. 며칠 전 티에스에게 배운 것처럼 스틱을 사용하지 않고 빠르게 걸었다. 500m를 40번만 걸으면 된다. 마지막 도전이다.

이제 12시 미사까지는 30분 정도 남은 상황. 뛰다시피 걷는데 동네 주민들이 얼마 남지 않았다며 응원해주었다. 건물들 사이로 산티아고 대성당의 뾰족한 탑들이 보였다. 감동은 미뤄두고 '정오미사 참석'이라는 미션수행을 위해 일단 달렸다. 성당으로 뛰어 들어가려는데 가방과 스틱을 맡기

고야 입장이 가능하단다. 이미 12시 3분전. 우리는 투덜거리며 보관센터에 가방과 스틱을 맡기고 다시 성당으로 뛰어들었다. 그리고 서로의 시간을 방해하지 않기 위해 뿔뿔이 흩어졌다.

산티아고 대성당의 정오미사에 참가하고 싶었던 이유는 바로 향로의식 때문이다. 40kg의 숯이 든 향로를 8명의 사제(보따 푸메이로)들이 줄을 잡아 당기며 향로를 좌우로 이동시킨다. 큰 향로가 포물선을 그리며 성당의 이쪽 끝에서 저쪽 끝을 비행하는 것을 보는 것이 이 미사의 하이라이트다.

11세기부터 거행된 이 행사는 도착한 순례자들의 악취를 해소하기 위해 시작되었다고 한다. 잘 씻지도 못한 사람들이 모여 들었으니 오죽 냄새가 심했을까. 당시 성당은 악취를 없애고 전염병을 예방하기 위해 향을 피웠

리투아니아에서 온 친구 에블린

지만, 지금은 순례의 종결을 의미하는 상징적인 의식으로 남았다.

산티아고 데 콤포스텔라. 이 도시의 이름은 '산티아고(야고보)의 무덤'이라는 뜻이다. 지하 납골당에는 그의 (것으로 추정되는) 유해가 모셔져 있고, 제단 정면에는 금색으로 치장된 산티아고 상이 사람들을 내려다보고 있다. 우측으로 가면 제단으로 올라갈 수 있는 계단이 있는데, 그 계단을 올라가면 산티아고상의 뒤로 올라가게 된다. 사람들은 줄을 서서 올라가 그를 뒤에서 살짝 껴안으며 순례의 완성을 알렸다.

하지만 이게 과연 순례의 완성일까. 나는 도착은 했지만 복잡한 심정이었다. 맘에 드는 남자 손목 한번 못 잡아보고 800km를 왔는데, 이제 와서 동

우리를 이곳까지 오게 한 산티아고(야고보) 대성당의 향로의식과 성인상

상이나 백허그하고 싶진 않았다. 아무리 산티아고 성인일지라도 말이다. 백허그 대신 무릎을 살짝 굽혀 인사하며 그에게 나의 도착을 알렸다. 아마 그도 내가 그렇게 반갑진 않았을 듯하다.

성당을 나오니 빗줄기가 굵어졌다. 도시의 사람들은 우산을 쓰고, 순례자들은 판초우의를 펄럭거리며 길을 가고 있었다. 아, 내가 정말 800km를 다 걸어버렸구나. 이제 어떻게 해야 하나…. 잠시 망연하게 서있는데 메시지가 울렸다. 스페인 친구 라이언의 메시지다. 메시지에는 이렇게 적혀있었다.

"생일 축하해! 널 만나러 가려 하는데 언제까지 산티아고에 있을 거야?"

그는 내가 순례길을 걷는 것을 보고 흥미를 느끼기 시작해서 따라 걷기 시작했다. 하지만 그는 현재 350km 정도 떨어진 레온에 있다. 기차를 타고 이곳까지 오겠다는 문자메시지에 내 머리는 복잡해졌다. 이 친구가 대체 왜 오겠다는 거지?

20
"묵시아의 무지개"

그날은 멋진 날이었다. 산티아고에 입성하는 날이기도 했고, 공교롭게도 내 생일이기도 했다. 아침에 눈을 뜨자 로베르토가 내 침대발치에 와서 스페인어로 작게 노래를 불렀다.

“생일 축하합니다. 생일 축하합니다(Cumpleaños Feliz, Cumpleaños Feliz).”

정오미사 시간에 맞추기 위해 걷고 있는데, 에블린과 페트라가 저 뒤에서 내 이름을 소리쳐 불렀다. 기다리고 있자 둘이 숨이 턱까지 차게 뛰어와서는 동네 가게에서 산 와인과 사탕을 내민다. 깜찍한 생일축하 선물이었다. 우리는 길에서 화이트와인을 나누어 마셨다. 병나발로…. 리투아니아에서 온 에블린은 와인은 원래 이렇게 마시는 거라고 했다. 귀여운 외모와 달리 터프한 면이 있는 친구였다.

산티아고 대성당 미사가 끝나고 우리는 순례자사무실로 갔다. 이곳에는 순례증명서를 받기 위한 사람들로 넘쳐났다. 그동안 길에서 마주친 익숙한 사람들을 만날 수 있었다. 우리는 다시 감동에 젖어 포옹을 나눴다. 미첼은 날 보자마자 비가 오는데도 바닥에 엎드려 경배했다.

“오, 생일 된 자이시여.”

숙소를 잡고 우리는 술집으로 몰려갔다. 아는 얼굴들이 모두 거기서 술을 마시고 있었다. 커다란 치즈케이크가 하나 도착했다. 36이라는 빨간 초가 꽂혀있었다. 친구들이 준비해 준 생일 케이크다. 케이크를 한 조각씩 나눠주면서 사람들에게 축하인사를 받았다. 일본인 치카라가 피리로 생일축하 노래를 연주해줬다. 나는 답례로 엉터리 시를 읊었다.

오라, 순례자들이여. 오라, 산티아고로.

와서 내 생일을 축하하라.

그렇다, 내가 바로 생일 된 자로다.

기쁘고 즐거운 날이었다. 그럼에도 불구하고 내 마음은 점점 가라앉았다. 800km를 걸었는데 맘에 드는 남자가 없었다는 현실적인 문제도 있었지만, 그 이유만은 아니었다. 에블린도 페트라도 모두 싱숭생숭해하고 있었다.

"이 단순한 삶이 끝이라고 생각하니 너무 아쉬워."

"그러게. 그동안 정말 좋았는데."

사실 길을 걸으면서도 이 길의 끝을 두려워했다. 아무 걱정 근심 없이 아침에 일어나면 걷고 저녁이면 지쳐 곯아떨어지는 하루. 이 단순한 일상, 꿈같던 날들이 이제는 끝난 것이다. 한 달이 넘는 기간 동안 산티아고로 향하는 것만을 생각하며 걸었지만, 막상 산티아고에는 아무 것도 없었다. 사실 산티아고로 가기 위해 걷는, 그 시간을 즐기는 것이 행복이었던 것이다.

몇 명은 걷기를 계속해 피니스테라로 간다고 했다. 스페인의 서쪽 끝이라고 불리는 피니스테라는 여기서 89km를 더 간다. 순례자들은 바다에 도착해 신발이나 옷을 태운다고 했다. 철 십자가와 마찬가지로 자신의 미련이나 죄를 버리는 거다. 그 이야기를 들으며 낭만이라곤 하나도 없는 나는 "차라리 기부를 하지."라며 구시렁거렸다. 이 세상에 고급 등산화나 등산복이 필요한 사람들이 얼마나 많은데 그걸 태운단 말인가.

내 친구들은 한 술 더 떴다. 피니스테라에 도착해 캠프파이어를 하며 할로윈파티를 하겠단다. 대체 800km를 걸어서 가톨릭의 3대성지인 산티아

길을 걷다가 받은 생일 축하

오오 생일된 자이시여.

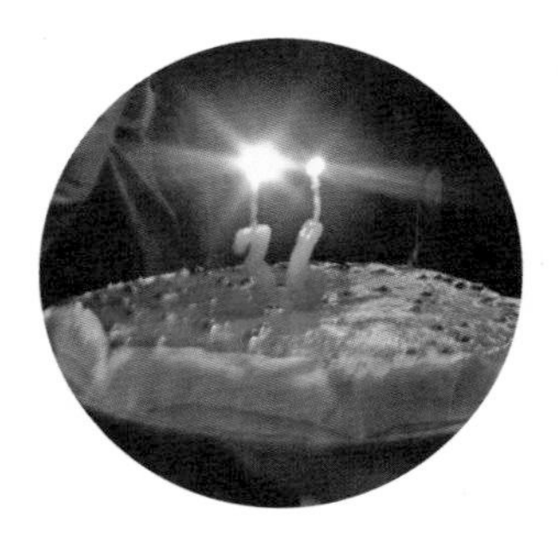

정확히 36이라는 숫자가 꽂혀진 생일 축하 케이크.
굳이 그렇게까지 해줄 필요는 없는데 말이다.

고까지 왔는데, 어째서 마무리는 이교도의 축제로 하겠다는 건지…. 알 수 없는 노릇이다.

산티아고에 남은 사람들은 알베르게의 공동 부엌에서 하루 종일 머물렀다. 요리를 하고 인터넷으로 영화를 보며, 단 1km도 걷지 않고 베짱이 같은 시간을 보냈다. 그렇게 며칠을 보내던 중 릴리에게서 메시지가 왔다. 레온에서 헤어진 후 첫 메시지였다.

그녀는 레온에서 기차를 타고 사리아로 가 산티아고까지 홀로 걸었다고 한다. 하지만 산티아고에 도착해서도 그녀의 고민은 끝나지 않았다. 마지막엔 바르셀로나에 있는 사그라다 파밀리아 성당에서 오랜 시간 기도했다고 한다. 그녀 표현대로라면 거의 빌다시피 울면서.

그럼에도 신은 그녀에게 어떤 대답도 해주지 않았다. 결국 남자 친구의 청혼에 답을 내리지 못한 채로 릴리는 미국에 도착했다. 공항에는 남자 친구와 그의 아들이 마중 나와 있었다고 했다. 기뻐하는 이들의 얼굴을 보는 순간 그녀는 답을 찾았다고 한다. 이미 이들을 떠나선 존재할 수 없다고. 그렇게 그녀는 청혼을 받아들이기로 했다는 이야기로 긴 메시지는 끝을 맺었다.

공동 부엌에 있는 다른 친구들도 이 메시지를 보면 분명 반가워할 터였다. 나는 급히 계단을 뛰어 내려가다 4층과 3층 사이에 멈춰 서서 잠시 울었다.

길을 걸으며 생각에 빠져있던 그녀의 옆얼굴이 생각나서였다. 그렇게 답을 찾지 못할까 두려웠지만 릴리는 자신만의 순례를 계속했고, 결국 심장이 뛰는 방향으로 나아갈 것을 결심했다. 행복의 파랑새를 찾아 헤맸지만 그 파랑새는 결국 집에 있었다는 치르치르와 미치르의 이야기처럼 릴리는 긴 순례를 하고 집에 도착한 순간, 자신이 진정으로 원하는 것을 찾을 수 있었던 것이다.

이렇게 내 문제는 하나도 해결되지 않았지만 누군가가 미래를 향해 한 발짝 발을 떼는 것을 보며 산티아고 순례가 끝났다. 하지만 아직 내겐 남은 이야기가 있다. 스페인 친구 라이언에 대한 이야기다.

묵시아의 무지개

라이언을 처음 만난 건 파리를 여행할 때였다. 첫 인상이 '딱 봐도 자유로운 예술가'였고, 인사를 나누고 나니 역시 화가였다. 짧은 스침 후 우리는 계속 SNS를 통해 연락을 주고받았다. 산티아고 길을 간다고 하자 '거기 한국인이 많다.' 등의 정보를 전해준 것도 그였다. 그런데, 뜻밖에 그가 기차를 타고 나를 만나러 왔던 것이다.

순례자들은 순례의 마지막으로 묵시아에 가기로 했다. 묵시아는 산티아고에서 버스로 2시간 떨어진 작고 아름다운 어촌이다. 성모마리아가 산티아고의 설교를 듣기 위해 돌배를 타고 이곳을 방문했다는 이야기가 전해온다. 많은 순례자들이 산티아고에서 피니스테라까지 걷고, 다시 30km 떨어진 묵시아까지 걷곤 했다.

만하린에서 만났던 초르키는 이 길에 서려있는 성스러운 에너지가 바다와 만나는 곳이 이곳 묵시아라고 했다. 그는 육체적인 한계를 극복하고 도전에 나서는 이들에게 주어지는 건 깊은 영혼이라고 했다. 때문에 영적 성숙을 위해 반드시 묵시아에 가라고 했었다. 실제로 이곳에 성스러운 에너

지가 있는지는 모르겠지만, 무섭게 몰아치는 파도의 에너지에 압도당했다.

바다를 마주하고 생각해봤다. 버릴 것이 있는가? 버릴 것은 하나도 없었다. 미련도 없었다. 남자를 찾겠다며 소풍 오듯이 와버린 순례길이었지만, 삶에서 답을 찾고자 이곳에 온 사람들을 만났고 그들이 내 스승이었다. 원래 의도에서 많이 벗어나긴 했지만, 여행 자체는 이보다 완벽할 순 없었다.

묵시아에서 다시 산티아고로 돌아가는 버스를 탔을 때였다. 창밖에 무지개가 떴다. 다들 반가워하며 카메라로 찍고 있을 때, 옆에 앉아 있던 라이언이 가만히 내 손을 잡았다.

"응?"

"저 무지개를 봐. 좋은 징조 같지 않아? 난 우리 사이가 잘될 거 같다는 생각이 들어."

사실 그가 날 만나기 위해 이곳까지 온다고 했을 때 어느 정도 예상은 했다. 결국 이렇게 되는구나 싶기도 하고, 정말 이대로 좋은 건가 아리송하기도 했다. 난 대답을 기다리는 라이언을 바라봤다. 그에게 어떤 대답을 해주어야 할까.

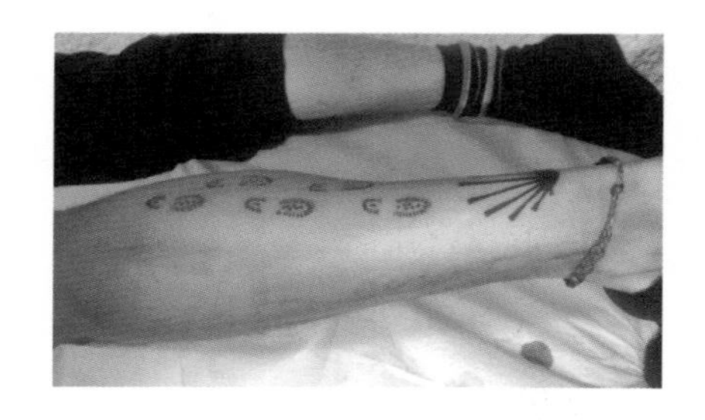

종아리에 산티아고 순례길 기념문신을 새긴 친구

산티아고 순례길을 마치고 스페인 남부를 여행했다. 그라나다의 숙소에서 한 한국 남성을 만났다. 22살, 이제 막 군대를 제대하고 첫 해외여행을 왔다고 한다. 앞으로 외국에서 다양한 경험을 쌓고 싶다고 하기에, 내가 몇 년간 해외에서 살고 여행하며 보고 들은 다양한 사례들을 말해줬다. 그런데 그의 표정이 애매하게 변한다.

"누나는 그럼 이제 결혼은 못하시겠네요?"

어째서 이야기가 이쪽으로 튀는 걸까. 자신은 빨리 결혼을 해서 아이를 낳고 가정을 꾸리고 싶단다. 그런데 나는 그렇게 해외를 다녔으니 결혼은 못하지 않겠냐는 게 그의 말이다. 그냥 웃었다. 22살 청년의 당연하다는 듯한 그 태도에서 나는 이제 여행을 마치고 한국으로 돌아가야 한다는 것을 깨달았다. 내가 사는 곳은 그의 사고방식과 행동이 보통의 상식인 곳이다.

묵시아에서 내 손을 잡았던 라이언에게는 정중하게 거절을 표했다. 내 손등에 얹힌 그의 손은 작게 떨리고 있었지만, 내 가슴은 조금도 뛰지 않았다. 그리고 그 결정에 대해선 재빨리 잊어버리기로 했다. 도널드의 말대로 가지 않은 길에 대해서 고민할 필요는 없다. 그렇게 남자를 찾아 나섰던 내 여정은 미완으로 끝났다. 차라리 유니콘을 잡으러 가는 게 현실적이었을지도 모른다.

순례길의 친구들은 잘 지내고 있는 듯하다. 다비드는 종아리에 순례길을 상징하는 문신을 했고, 카일은 아이들과 찍은 사진을 보내왔다. 물어보진 않았지만 이혼을 하진 않은 듯하다. 미첼은 여전히 여행을 계속하고 있었다. 마지막으로 연락이 닿았을 때 그는 세일링 배를 타고 카나리아제도를 여행하고 있었다. 우리는 그가 영화 「캐스트 어웨이」 처럼 조난당해도 끄떡없을 거라는 이야기를 나눴다.

엘비스 프레슬리의 「If I can dream」을 불러준 나초는 지금 이 글을 쓰는 순간에도 여전히 순례 중이다. 그리고 어느 날 릴리는 다시 단체 채팅방에서 사라졌다. 하지만 걱정하지 않기로 했다. 릴리가 어떤 결정을 내렸던 간에 그녀가 변하지 않는다면, 삶은 그녀가 원하는 방향으로 흘러갈 것이다.

나 역시 큰 변화 없이 지내고 있다. 헤어질 때 미첼은 수세미를 선물해줬다. "인생은 길고 배울 건 많아. 예를 들면 요리 같은 거."라며 내게 요리를 좀 배울 것을 에둘러 권했지만 아직 요리에는 관심이 없다. 산티아고 순례를 마쳤지만, 삶은 변하지 않는다. 여전히 나를 힘들게 하는 것은 역시 결혼에 대한 압박이다. 가끔은 위장결혼이라도 해야 하나 싶을 정도다. 차라리 이미 결혼했고 남편은 원양어선에 배 타러 갔다고 할까.

하지만 어쩔 수 없다. 이곳이 내가 사는 세상이다. 그렇다고 남의 시선에 맞추기 위해 내 삶의 방식을 버릴 수는 없는 법이다. 아이린이 이야기한 것처럼 삶은 모두에게 같을 수 없고, 헨리에타가 이야기한 것처럼 다가오지 않는 공허를 미리 걱정할 필요는 없다. 그럼에도 '결혼도 아이도 없이 이대로 살다간 넌 불행해질 거야.'라는 말들에 스트레스를 받을 때는 이테로 데라 베가에서 만났던 도널드를 떠올려본다.

그날 나는 도널드에게 '왜 꼭 사람은 늘 행복해야 하는지'를 물었다. 행복하지 못하면 루저라도 되듯이 끊임없이 행복할 것을 강요하는 분위기에 피곤함을 느꼈기 때문이다. 그러자 도널드는 내게 말했다.

"행복이라는 말에 강박을 느낄 필요 없어. 행복을 찾다가 인생 끝날 일

있어? 그냥 가슴 속에서 순간순간 느껴지는 깊은 기쁨(deep joy)에 집중해. 그리고 그때 네가 가슴 떨림을 느낀다면 너에겐 신의 심장(heart of God)이 있다는 거야. 그 신의 심장을 뛰게 해봐. 그걸 놓치지 않는 삶이 진짜 삶이야."

만약 신이 존재한다면, 그리고 그 신이 내게 무언가 메시지를 주고 싶었다면, 아마 그는 작은 마을 입구에서 전단지를 돌리고 있었을 것이다. 내가 낡은 레스토랑에 찾아가서 도널드를 만날 수 있도록. 아마 신은 그 생각을 하며, 그늘 하나 없는 그곳에서 전단지를 돌리고 있었을지도 모른다.

맘에 드는 남자를 찾아 800km를 걸었지만 끝내 못 찾고 돌아온 불쌍하고 웃긴 이야기는 이렇게 끝났다. 어두컴컴하던 삶의 미로에 별만 하나 띄운 채로.

밤나무 위에서 도 닦던 친구

에필로그
"그때 나는 정말 연애를 원했을까?"

1.

『남자 찾아 산티아고』의 모든 원고를 마무리했을 때, 오마이뉴스 연재를 하다가 알게 된 독자에게 페이스북 메시지가 왔다. 그분은 지난 10월 산티아고 순례길을 걸었는데, 그곳에서 우연히 나를 아는 사람을 만났다고 한다.

이야기는 이랬다. 길을 걷다 알게 된 한 스페인 남성이 지난 순례길에서 만난 인연 이야기를 했다고 한다. 그때 만난 한 여성을 아직도 잊지 못한다고…. 그리고 독자분과 그 남성은 페이스북 친구를 맺었는데, '함께 아는 친구' 목록에 내가 있었다. 그렇게 해서 밝혀진 사실, 그가 잊지 못해 눈물 짓던 사람은 바로 나였고, 그 남성은 라이언이었다.

"화가인 스페인 친구, 작가님과는 산티아고에서부터 묵시아까지 같이 걸었던 그 친구 기억하시나요?"

난 몇 분 동안 채팅창만 바라봤다. 반갑고 놀랍기도 했고 '죄짓고 살지 말아야지.'라는 생각도 들었다. 세상은 이렇게 좁으니 무슨 일이 벌어져도 하나 이상할 게 없을 것이다.

우연을 넘어 인연이라 여길법한 상황이지만, 굳이 그러고 싶지 않았다. 어느덧 마음에 드는 사람을 만나 연애를 하고 싶다는 열망은 사라지고, 내가 진정으로 원하던 것이 무엇이었는지, 왜 그 길을 걷게 되었는지 되새겨보던 시기였기 때문이다.

"그때 나는 정말 연애를 원했을까?"

2.

태어날 때부터 내 운명은 결혼으로 이어졌다. 나뿐 아니라 이 땅의 모든 딸들은 늘 시집을 갈 재원으로 자라나길 당부 받는다.

"그래서 시집이나 가겠니?"

"젓가락질을 저리 못하니, 나중에 시부모한테 흉잡혀서 어째."

"여자애가 흉터가 이리 남으면, 나중에 남편한테 어떻게 보이려고."

어른이 되어서도 마찬가지였다. 결혼은 결승선이었다. 결혼한 친구들은 모임에 나와 "아, 나도 처녀 때가 부러워."라고 말하지만, 신세한탄이 서린 듯한 그 말끝에는 결승선 안에 들어갔다는 안도감이 배어있었다. 이런 엄혹한 현실 속에서 '나는 저 결승선이 별로인 듯하니, 옆길로 새겠어요.'라고 말하기가 쉽지 않다.

그러다보니 자존감을 꺾는 일화는 넘쳐난다. 나는 술 취한 후배에게 "3년 후에도 언니처럼 결혼 못하면 어쩌죠?"라는 소리를 들었고, 한 지인은 동창회에 갔는데 전혀 관심도 없는 남자동창으로부터 "내가 쟬 구제해줘 볼까?"라는 소리를 들었다고 한다. 이렇게 미혼여성은 우리 사회에서는 '불쌍한 여자' 혹은 '구제의 대상'이 되고 만다.

뿐만 아니다. 밥 한 끼 안사주면서 "결혼을 안 할 거면 돈은 많이 모아뒀냐?"라며 내 개인자산을 걱정하는 타입부터, 출산율 감소로 인한 대한민국의 인구 절벽을 걱정하는 '언제부터 그렇게 나라걱정을 하셨는지' 타입도 있다.

싱글들끼리의 세계도 각박하긴 마찬가지다. 한 선배는 거래처의 여자 과장 성격이 아주 깐깐하다며, "그녀가 왜 시집을 못 갔는지 알 것 같다."고

덧붙였다. 본인도 40대 중반의 싱글 남성이지만, 그 말을 하는 데는 일말의 망설임도 없었다.

심지어 지인과 말다툼을 하던 내 친구는 "저러니까 결혼을 못했지."라는 소리를 들었다고 한다. 그 지인은 이혼한 여성이었다.

이렇게 미혼여성을 둘러싼 채로 '아무말 대잔치'가 벌어지지만, 정작 그들의 선택에 대한 이야기는 아무도 들어주지 않는다. 이것이 바로 이 땅을 살아가는 미생(未生)… 이 아니라 '미혼(未婚), 아직 결혼하지 못한 자'들의 삶이다.

설상가상 미혼여성에게 주어지는 또 다른 잣대가 있다. 바로 연애다. 한 지인은 술자리에서 "누나, 결혼은 안 해도 연애는 해요. 여자가 나이 들어서 연애도 안 하면 궁상맞아요."라는 말을 들었다고 한다. 결혼도, 연애도 능력으로 치환되는 세계 속에서 그 두 가지가 없는 여성은 어떤 삶을 살든

간에, 그저 '궁상'이라는 단어로 표현된다.

"그때 나는 정말 연애를 원했을까?"

대답은 '원했다'이다. 누군가를 사랑하고 누군가에게 사랑받으며, 서로를 소중히 여기고 싶었다. 하지만 그것이 사랑을 향한 100% 순수한 열망이었다고 확신할 순 없다. 그 해, 나는 '궁상'이라는 단어에 상처를 받았고, 그 단어가 주는 비참함에서 도망치고 싶기도 했기 때문이다.

3.

살다 보면 궁지에 몰리기도 하고 내가 한 선택에 회의가 드는 순간이 온다. 심지어 '너는 이대로 너여서는 안 된다.'는 호된 질책에 나도 모르게

'정말 그런가? 정말 내가 못난 사람인가?'라는 자기부정이 피어오르기도 한다. 하지만 자신만의 길을 가는 사람들에게 세상은 잔인한 잣대를 들이댄다.

"네가 한 선택이니 너만 당당하면 되잖아?"

이렇게 물러설 수도 없고 나아가지도 못하는 진퇴양난의 순간, 고맙게도 우리에겐 여행이 있다. 도피라고 손가락질하는 사람도 있지만, 도피면 좀 어떤가. 안 돌아가겠다는 것도 아니고 생각 좀 하고 돌아가겠다는 건데.

모든 여행은 경계를 넘는 것에서 시작한다. 모든 것이 당연했던 견고한 내 세계를 떠나 이방인이 되면서부터, 우리는 수많은 다름과 부딪힌다. 다름 사이에서 내 기준점을 낮추기도 하고 끌어올리기도 하며, '이것이 나'라고 생각했던 것에서 벗어나 자신의 기준점을 다시 조정하는 것이다.

이렇게 낯선 사람과 사람 사이를 떠다니며 나를 증명하는 것이 여행이다. 그리고 새로운 땅을 밟고 돌아가는 이는 기존의 자신이 아니라 기준점을 다시 맞춘 확장된 자신이 된다. 경계를 넘어선 순간 나를 둘러싼 언어는 다시 써지는 것이다. 이렇게 여행은 한 인간이 사유를 지을 수 있는 시간과 공간을 제공한다.

내가 800km를 걸으며 바라본 곳은 산티아고 데 콤포스텔라가 아니라 '내가 떠난 곳'이었다. 모두가 옳다고 생각하는 것은 과연 옳은지, 혹시 나만 정상의 범주에서 벗어났는지, 나와 남을 견주어보며 끊임없이 불안해하던 곳이다. 길을 걷는 내내 이 여정을 마치고 돌아가야 하는 곳을 끈질기게 바라보며 기준점을 다시 맞출 수 있길 바랐다.

그런 의미에서 산티아고 순례길은 종합선물세트 같았다. 가만히 있어도 전 세계 사람들이 눈앞에 지나다녔다. 나는 그냥 질문을 들고 서 있기만 해도 됐다. 내가 사는 곳에서 늘 "반드시"라고 규정되던 것들이 길에서 만난 이들에 의해 다양한 가짓수의 대답으로 흩어졌다. 그렇게 수많은 다른 대답 속에서 나는 내 기준점을 다시 조정할 수 있었다. 그리고 한국으로 돌아오는 날, 나는 노트에 이렇게 적었다.

'얻을 것이 있다면 취하고, 없다면 버릴 일이다.'

이렇게 800km를 걸으며, 나는 삶에서 "반드시"라는 단어를 지웠다. 고민이었던 결혼도, 연애도 "반드시"라는 수식어가 사라지자 그것은 인생의 수많은 요소 중 하나로 자리를 평범하게 자리매김했다. 나는 그제야 겨우 자유롭게 숨을 쉴 수 있었다.

4.

2011년 인도 다즐링을 여행할 때였다. 지름길을 찾으려다 길을 잃었다. 사실은 다른 여행자들이 안 가는 길을 가보고 싶었다. 길을 잃었다는 것을 인정하고 되돌아오는 길, 아까 눈이 마주쳤던 아이가 뒤를 쫓아오고 있었다. 동생 손을 꼭 잡고. '사탕이나 돈을 달라는 걸까.' 난감해하는데 아이가 날 불렀다.

"마담!"

뒤를 돌아보니 아이가 노란 꽃 한 송이를 내게 내밀었다. 꽃을 받고 어쩔 줄 모르고 있다가, 머리에 꽂아봤다. 두 꼬맹이 모두 좋아라 웃는다. 나는 그 미소에 마음이 부서지는 것처럼 아팠다. 꼬맹이들을 한 번씩 안아주고 사진을 한 장 같이 찍었다. 그리곤 가슴이 먹먹해진 채로 천천히 왔던 길을

되짚어 출발점으로 돌아왔다.

2015년 아침 일찍, 폰페라다를 나서다가 길을 잃었다. 어두운 중세의 골목을 헤매다가 우연히 전날 만하린에서 만났던 초르키와 똑똑한 개 린다를 만났다. 그들은 개를 받아주는 숙소에서 하루 묵고, 이제 출발하려던 참이었다. 다시 한 번 그들을 만나고 싶었기에 나는 기뻐하며 말했다.

"아저씨와 린다를 다시 만나기 위해 제가 길을 잃었나 봐요."

자전거로 여행하는 그들과 나는 이제 다시 만나지 못할 것이다. 제대로 작별인사를 할 수 있어서 다행이었다. 낙엽이 가득한 공원을 지나 폰페라다 시내를 벗어났다. 조금 으스스한 폐공장 지대를 지나 오르막길을 오르는데, 어디선가 미첼이 나타나 날 불렀다.

"롤라! 그쪽 길 아냐."

그도 길을 잃었다가 이제 막 바른 길을 찾아 돌아왔다고 한다. 근데 마침 똑같이 엉뚱한 길로 향하던 내가 보인 것이다.

"네가 길을 헤매지 않도록 내가 미리 길을 잃었나 봐."

그렇게 우리는, 산티아고 순례길을 걸으며, 누군가를 만나 마음을 전하기 위해 길을 잃었다.

불교에는 '시절인연'이라는 말이 있다. 인연은 때가 되어 만나고 헤어진다는 뜻이다. 햇볕, 온도, 수분, 토양과 같은 조건이 갖추어져야 씨앗이 싹을 틔울 수 있듯이, 때가 무르익어 만나고 헤어지는 인연은 꽃처럼 피어나 인생에 향기를 남긴다. 그때야 나는 알게 되는 것이다. 그날 길을 잃은 이유를. 모든 헤맴에는 이유가 있음을.

울타리를 벗어나 길을 걷는 이들 모두에게 시절인연의 향기가 다가오길 바란다.

"산티아고에 괜찮은 남자가 많다."는 말로 나를 800km 걷게 하셨던 한효정 선생님, 그리고 언제나 두서없는 글을 살펴 읽어주시고 응원해주시는 「오마이뉴스」의 박혜경 기자님께 감사드립니다.

인생의 여름방학, 산티아고 순례길을 즐기는 법
-준비부터 여행후유증 치료까지

산티아고 여행 준비

산티아고 순례길은 국내에서는 보통 '산티아고'라고 불리지만, 공식명칭은 '성 야고보의 길'이라는 뜻인 '카미노 데 산티아고(Camino De Santiago)'다. 현지에서는 보통 '카미노'라고 한다. 스페인어로 '길'이라는 뜻이다.

– 계절과 루트

가장 우선 고려해야 할 것은, 계절과 루트다. 대부분의 시간을 바깥에서 활동하니만큼 계절이 중요한데, 보통은 4~6월, 9~10월을 가장 활동하기 편한 시기로 본다. 순례객이 가장 몰리는 시즌은 7~8월이다. 하지만 이 시기는 사람이 너무 몰리다보니 숙소 잡기가 힘들다. 겨울순례자들도 늘어나고 있는 추세인데, 겨울에는 알베르게가 문을 닫는 경우가 많고 또 인적이 드물다보니 늘 주의하며 걸어야 한다.

산티아고로 향하는 루트는 다양하지만, 가장 대중적인 루트는 프랑스길이다. 장점은 많은 사람이 찾는 만큼 정보가 많고 편의시설이 잘 구비되어 있다. 단점은 많은 사람이 찾는다는 거다.

· 프랑스길 : 프랑스 국경마을인 생장피드포르에서 산티아고까지 약 800km를 걷는다.

· 북쪽길 : 프랑스 국경마을 이룬에서 출발하여 북부의 해안선을 따라 약 815km를 걷는다.

· 은의 길 : 스페인 남부 세비아에서 아스토르가까지 북진한 후 산티아고까지 약 1,003km를 걷는다.

· 포르투갈길 : 포르투갈 리스본에서 산티아고까지 약 606km를 걷는다.

– 준비물

루트를 정하고 항공권을 샀으면, 이제 짐을 쌀 순간이다. 순례길의 짐은 당연히 가벼워야 한다. 짐이 무거우면 순례가 아니라 고행이 될 것이다. 물론 현지에서 짐을 다음날 도착지로 미리 보내는 택배서비스를 이용할 수 있기도 하다(1회 5~8유로).

필수 : 배낭, 등산화, 경량침낭, 우비, 바람막이(방한복), 의류(속옷, 양말, 상하의 각 두 벌씩), 슬리퍼, 세면도구, 선크림, 선글라스, 빨래집게, 상비약(두통약, 감기약, 바늘, 실, 알코올, 밴드)

선택: 등산스틱, 전자제품(카메라 등), 한국 음식재료(라면스프, 고춧가루 등), 가이드북(가이드 어플), 와인오프너, 헤드랜턴, 귀마개, 세탁용 가루세제(액체세제) 등.

· 배낭 – 보통 많이 사용하는 배낭은 35~50리터 정도다. 반드시 어깨끈과 허리를 받쳐주는 벨트가 튼튼한 배낭으로 구매하는 것이 좋다. 비가 올 때 배낭을 보호하는 레인커버도 필수다

· 등산화 – 방수가 되고 발이 편한 등산화를 준비한다.

· 침낭 – 알베르게에서는 따로 침대시트를 주지 않으므로 대부분의 수면은 침낭 안에서 이루어진다. 겨울이 아니라면 너무 무겁지 않은 경량 침낭이 좋다.

· 우비 – 배낭을 메고 입을 수 있는 아웃도어용 판초 우의가 필요하다.

· 의류 – 면제품보다 빨리 마르는 재질을 준비한다.

· 슬리퍼 – 숙소에 도착했을 때 등산화는 바로 벗어 한 곳에 두고 실내에서는 슬리퍼를 신게 된다.

· 가이드북 – 요즘은 E-book이나 스마트폰의 가이드앱을 이용하기도

한다.

· 유용한 어플리케이션 – Santiago pilgrim(안드로이드 App) : 프랑스길의 지명, 지도, 편의시설이 알기 쉽게 소개되어있고 오프라인 지도도 가능하다.

매일 반복되는 길 위에서의 일상 중 가장 큰 고민은 세탁이다. 알베르게에 세탁기와 건조기가 있지만 사용하는데, 각각 1.5~3유로가 든다. 매일 양말과 속옷 등 작은 빨래를 하게 되므로, 빨래집게와 세탁용 가루세제(액체세제를 작은 병에 담아 오는 것도 좋다)가 필요하다.

그리고 작은 와인오프너가 있으면 유용하다. 와인을 마실 기회는 많은데 와인오프너가 없어 곤란한 경우가 있다. 이럴 때 주머니에서 '척' 하고 와인오프너를 꺼내면 주변인들의 환호성에 뿌듯함을 느낄 수 있다.

산티아고를 걸으며

- 크레덴시알 발급

순례길을 나섰기에 이제 여행자가 아닌 순례자로 불리게 된다. 순례자가 가장 먼저 해야 할 일은 순례자 오피스에서 크레덴시알(credencial)을 발급받는 거다. 각 지역의 성당이나 숙소에 도착했을 때 이 크레덴시알에 스탬프(Sello 세요)를 찍는다. 순례자여권이라고도 불리는 이 크레덴시알은 순례자를 증명하는 서류 같은 개념이다. 순례자숙소인 알베르게에서는 이 여권을 보여줘야 묵을 수 있고(일반여행자는 숙박할 수 없다), 박물관 등의 순례자 요금도 이 증명서를 보여줘야 할인받을 수 있다.

- 순례길의 언어

순례길을 걸으며 가장 많이 하게 될 말은 "좋은 순례길"이라는 뜻의 "Buen Camino(부엔 카미노)"이다. 그 다음 자주 쓰이는 말로는 "안녕"을 뜻하는 "Hola(올라)", "감사합니다"를 뜻하는 "Gracias(그라시아스)", "얼마예요?"를 뜻하는 "¿Cuánto es?(꾸안또 에스)"가 있다.

- 숙소

산티아고의 숙소는 알베르게, 호스텔, 호텔이 있지만, 보통은 알베르게에 묵게 된다. 알베르게도 중세 성당을 개조해 만든 알베르게부터 현대식 알베르게, 개인 집처럼 편안한 알베르게 등 다양하다. 매일 바뀌는 숙소를 경험하는 것도 순례길의 매력이다.

· 공립 알베르게(albergue municipal) : 시에서 운영하는 알베르게다. 저렴하지만 공동 부엌과 욕실, 한 방에 여러 명이 묵는 것이 기본이다(5~10유로).

· 사설 알베르게(lbergues privado) : 개인이 운영하는 알베르게다. 가격은 공립보다 비싸지면 좀 더 적은 인원으로 쾌적하게 머물 수 있다.

그 외에도 프란치스코 수도회에서 운영하는 토산토스 알베르게, 이탈리아 페루자 순례자연합에서 운영하는 산니콜라스 알베르게처럼 각종 교구나 수도회, 순례자협회에서 운영하는 알베르게도 있다. 기부제로 운영되기도 하고, 순례자만의 미사가 진행되거나 함께 식사를 준비하기도 하는 등 그곳만의 독특한 분위기를 느낄 수 있다. 일단 묵기로 한 이상 제시하는 룰은 가급적 지키는 것이 좋다(미사 참가나 간단한 노동력 제공 등). 또한, 기부제라고 '무료'인 것은 아니다. 다음 순례자를 위해서라도 적정한 수준의 기부금을 반드시 내도록 하자.

- 순례길의 식사

순례길의 대부분의 식사는 바르(bar)라고 불리는 카페 겸 주점에서 이루어진다. 이곳에는 커피와, 크루아상, 토스트, 또르띠야(스페인식 감자오믈렛), 보까디요(스페인식 샌드위치), 와인, 맥주, 핀초스(꼬치에 꽂힌 안주류), 타파스(접시에 담긴 안주류) 등이 있다. 저녁에는 순례자 메뉴가 10~12유로에 3코스로 제공된다. 알베르게에 부엌이 있을 경우 요리를 해서 먹는 경우도 많다. 슈퍼마켓에서 저렴한 가격으로 빵, 하몽(햄), 야채 등을 구해 요리도 하고 다음날 점심식사용 샌드위치를 만들기도 한다.

- 예산 및 금전관리

항공권과 기차를 제외하고 순례에 드는 비용은 보통 하루에 30유로를 기준으로 잡는다(평균 1km에 1~1.5유로 정도로 계산). 물론 본인이 더 아끼거나 더 쓸 수 있다. 보통 사용되는 금액은 숙박비, 식사비, 세탁기와 건조기 사용료, 현지 약 구입비, 박물관 및 성당 입장료 등이다. 각 마을마다 ATM기가 있기에 해외인출이 가능한 현금카드나 신용카드라면 어디든 사용 가능하다. 동양인은 현금을 많이 지니고 있다는 인식이 널리 퍼져 강도나 도둑의 표적이 되기도 한다. 인출을 한꺼번에 많이 하기보다 조금씩 자주하는 것을 권한다.

- 방심은 금물

순례길에서도 방심은 금물이다. 전 세계 다양한 사람들이 다 모이는 곳이다 보니, 귀중품을 도난당하거나, 성추행을 당하는 일도 있다. 귀중품은 작은 가방에 넣어 늘 몸에 지니고, 여성의 경우 지나치게 친절하게 굴거나 스킨십을 시도하는 남성이나 호스피탈레로(봉사자)를 주의한다. 애매한 표현보다는 단호하게 "NO"라는 의사를 전달하는 것이 중요하다.

- 건강 문제

순례길에서 생길 수 있는 건강상의 문제는 빈대와 물집, 그리고 족저근막염 등이 있다.

· 빈대(bed bug) : 순례길의 악명 높은 빈대! 자신이 물린 게 빈대인지 모기인지 헷갈린다면 물린 부위로 판단이 가능하다. 물린 부위가 한 곳에 집중되어 있거나 열을 지어있으면 빈대일 가능성이 높다. 항상 침낭을 사

용하고 지나치게 낡은 숙소에서는 침대 매트리스를 뒤집어 살펴보고 검은 점이 있으면 다른 침대로 옮기도록 하자. 빈대에 물렸을 경우에는 바로 약국으로 가서 먹는 약과 바르는 약을 산다. 스페인어로 빈대는 'chinche'라고 한다. 그리고 모든 옷과 침낭과 배낭을 햇빛에 건조하거나, 건조기에 넣고 열풍으로 가열한다.

· 물집(blister) : 물집의 처치로 많이 알려진 것이 소독한 바늘과 실로 물집을 터트리는 거다. 하지만 이때 소독을 제대로 안하거나 후처치를 제대로 못하면 덧나는 수가 있다. 물집이 생겼을 경우 스페인 약국에 가면 꼼삐드(Compeed)라는 붙이는 패드를 살 수 있다. 물집이 잡히는 초기에 사용하면 가장 효과가 좋다. 가장 좋은 방법은 예방이다. 물집이 생기는 이유는 땀과 마찰 때문이다. 걸으면서 자주 신발을 벗어 양말을 말려주고, 아침저녁으로 발에 바셀린을 발라주는 것이 좋다. 무좀양말이라고 알려진 발가락 양말도 효과가 좋다.

– 순례자 증명서

사하군에서는 반완주 증명서를, 산티아고 데 콤포스텔라에 도착하면 순례자 오피스에서 순례증명서를 받을 수 있다. 완주 증명서가 목적은 아니지만 자신의 이름이 적혀있는 증명서를 가지는 건 가슴 벅찬 경험이다.

산티아고 순례길을 마친 후

– 순례 후의 고통

순례를 마치면 다시 복잡한 현실로 돌아가야 한다. 사실 순례 이후 오히려 고통을 호소하는 사람들도 많다. 걸으면서 한번 자기 자신을 비워냈지만, 현실로 돌아가는 순간 모든 고민은 다시 채워지기 때문이다. 이럴 때 효과적인 치유방법은 일기나 여행기를 쓰는 거다. 순례길을 걸으면서 해두었던 메모를 바탕으로 다시 글을 쓰다 보면, 그때는 몰랐던 느낌이 발견되기도 하고, 또 생각이 정리되며 여정을 의미 있게 만들어준다.

두 번째 고통은 주변 사람들이 주는 고통이다. 이들은 800km를 걷는다는 큰일을 해낸 당신이 인생의 진리를 깨닫고 오거나, 아니면 좀 더 나은 사람이 되어 오길 바란다.

"그래서, 너는 갔다 와서 뭐가 좀 바뀌었어? 800km를 걷고 나니까 뭐가 남았어?"

성과주의의 폐해다. 사람들은 여행에서조차 즐기는 것보다 무언가 성과를 남겨야 한다는 생각에 집착한다. 하지만 이런 압박에 굴복할 필요는 없다. 우리가 여행을 마치고 귀국할 때 입국심사대에서 공항직원이 "혹시 인생의 진리는 발견하셨나요?"라고 물어보지 않는다. 그가 난처한 표정으로 "그거 없이는 입국이 안 되는데요, 모르셨나 봐요?"라고 하지 않는 것이다. 그러니 주변사람들이 말도 안 되는 압박을 줄 때는 800km 정도야 아무것도 아니라는 표정으로 이렇게 말해보자.

"별거 없어. 그냥 즐기다가 왔어."

그럼에도 사람들이 800km의 결과를 내놓으라고 닦달을 한다면, 그때는 내 이야기를 해도 된다.

"남자 찾으러 갔다가 그냥 온 사람도 있던데, 뭘."

그동안 산티아고 순례길에서 느꼈던 것을 글로 옮기면서 다시 이 길의 매력을 생각해봤다. 이 길의 가장 큰 매력은 마음껏 이기적일 수 있다는 거였다. 순례길에서는 800km만큼의 시간동안, 머리 아픈 현실을 내려놓고, 사랑인지 미움인지도 모를 인간관계도 내려놓고, 그저 단순한 삶을 살면서, 오롯이 자기 자신에게만 집중할 수 있다. 마치 아무 근심걱정 없이 보내던 여름방학처럼, 그저 매일을 나만 생각하며 지내기만 해도 되는 것이다.

물론 한 달이 넘는 시간을 옷 몇 벌로 버티면서 매일 20~30km를 걷는 것은 마냥 좋은 기억만은 아니다. 어쩌면 좋은 기억과 나쁜 기억은 '49:51'일 수도 있다. 분명한 것은 좋은 기억에 조금이라도 마음을 더 내어준다면, 나쁜 기억과 고통은 시간이 지나며 미화될 것이다.

그 후 순례길은 이렇게만 기억될 것이다. 고즈넉이 홀로 걷던 숲길, 고성을 물들이던 분홍빛 노을, 바람을 거슬러 걸으며 내뱉던 자신의 숨소리, 누군가의 묘비를 지나치다 잠시 목례하던 순간, 눈물이 왈칵 쏟아져 내리던 저녁 미사, 순례자들과 나누어 마시던 와인, 그리고 다정한 미소로 주고받는 인사말 "부엔 카미노(Buen Camino)."

어릴 적 여름방학의 추억이 평생 삶 속에 흐르듯이, 산티아고 순례길에서 보낸 시간들은 추억이 되어 한 인간의 삶에 층층이 결을 형성할 것이다. 그것만으로도 지금 이 글을 읽는 당신이 산티아고 순례길을 걸을 이유는 충분하지 않을까.

프랑스길 Camino Francés

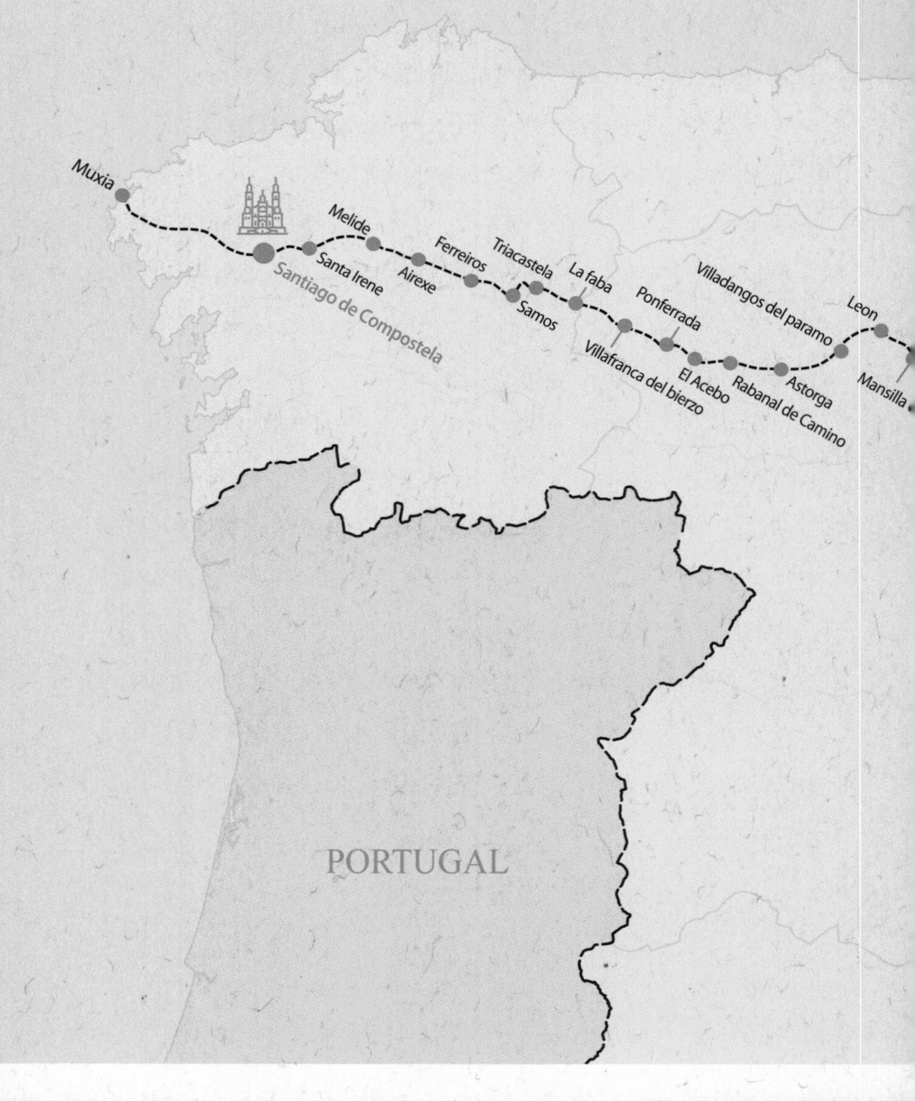

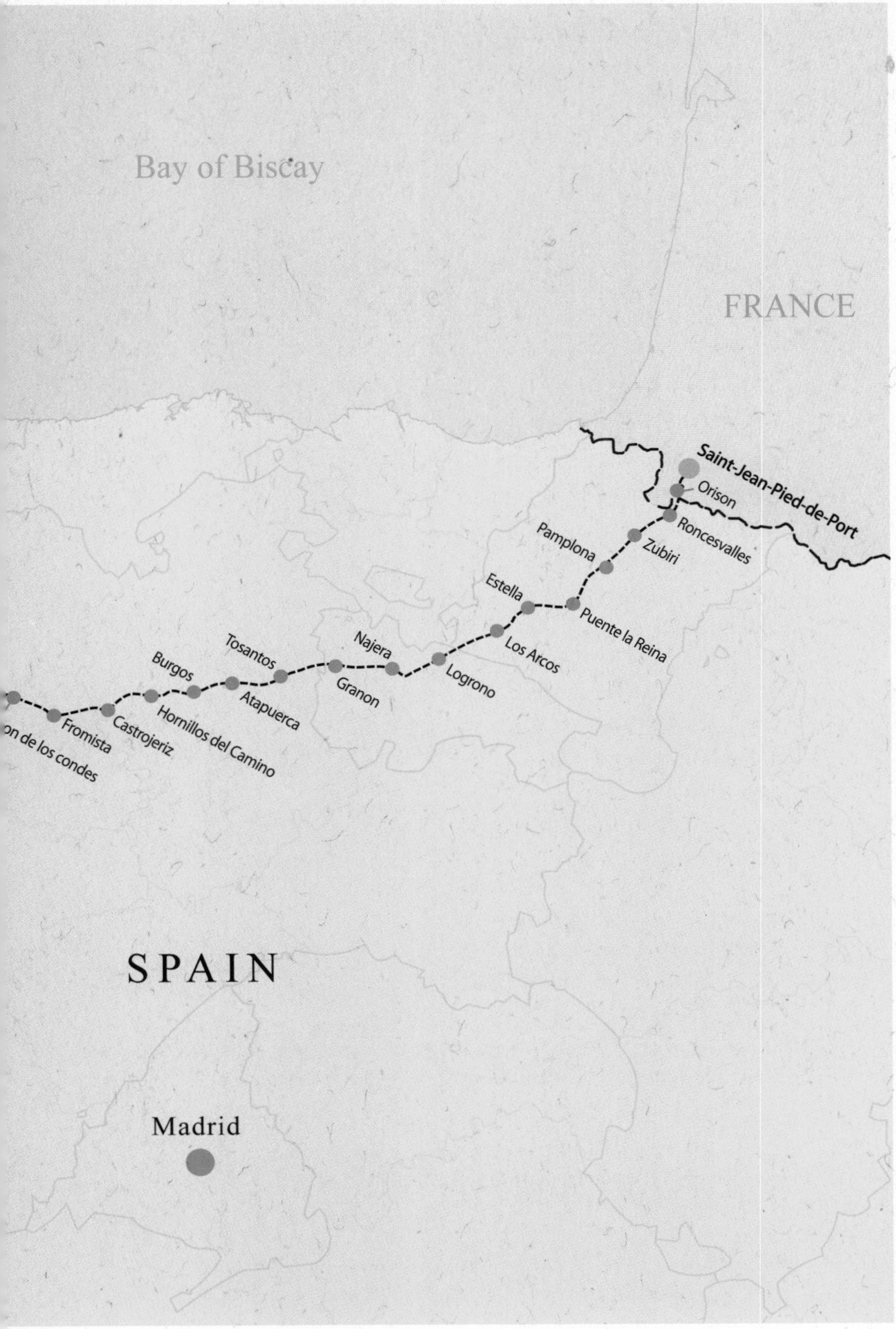

Bay of Biscay

FRANCE

Saint-Jean-Pied-de-Port

Orison

Roncesvalles

Pamplona

Zubiri

Estella

Puente la Reina

Los Arcos

Tosantos

Najera

Logrono

Burgos

Granon

Atapuerca

Hornillos del Camino

Castrojeriz

Fromista

on de los condes

SPAIN

Madrid

남자 찾아 산티아고

초판1쇄 2017년 1월 3일
초판2쇄 2018년 11월 8일
지 은 이 정효정
펴 낸 이 한효정
펴 낸 곳 도서출판 푸른향기
디 자 인 화목

출판등록 2004년 9월 16일 제 320-2004-54호
주 소 서울 영등포구 선유로 43가길 24, 104-1002(07210)
이 메 일 prunbook@naver.com
전화번호 02-2671-5663
팩 스 02-2671-5662
홈페이지 prunbook.blog.me | facebook.com/prunbook | instagram.com/prunbook

ISBN 978-89-6782-048-0 03920

값 15,000원

이 도서의 국립중앙도서관 출판예정도서목록(CIP)은 서지정보유통지원시스템 홈페이지(http://seoji.nl.go.kr)와 국가자료공동목록시스템(http://www.nl.go.kr/kolisnet)에서 이용하실 수 있습니다.
CIP제어번호 : CIP2016029503